HEART

心│視野

HEART

心｜視野

HEART

心｜視野

HEART

心｜視野

인격 살인: 사이버 범죄 전담 형사의 리얼 범죄 추적기

只是上網，竟變被害人

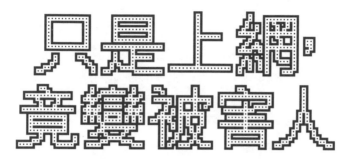

性剝削、詐欺、賭博、駭客，
滲透你我生活的網路犯罪事件實錄

朴重炫(박중현)——著　林侑毅——譯

目錄 CONTENTS

第 3 章 駭客：不斷進化的網路犯罪

好評推薦

「本書不僅呈現跨國經驗，更讓我們得以同時從案件當事人、刑警的不同角度，來了解性暴力事件的全貌，以及偵查過程為了兼顧『挖掘真相』及『保障被害者權益』時須留意的執行細節。台灣在 2023 年初，始針對數位性暴力增修法條，並在 8 月正式上路。書中的經驗，也將是台灣當前正要面對的課題，值得所有關心數位性暴力事件的人一同了解！」

—— 王婉諭，立法委員

「隨著世界走向高度數位化、網路化，網路犯罪型態不僅變得更多樣，也更難以防範，對國家、社會與個人生活皆帶來史無前例的影響。本書從網路犯罪調查現場揭露多起真實案件，提醒大家網路犯罪近在咫尺。身處數位網路時代，人人都該更重視資訊安全，練就保護自己的數位防身術。」

—— 吳其勳，iThome 總編輯、臺灣資安大會主席

　　「我曾經是數位犯罪深度採訪記者『追蹤團火花』的成員，在過去 2 年間見過無數的警察。最早是在檢舉『N 號房』的時候，遇到江原警察廳的刑警，之後為了採訪，陸續見到許多警察和高層人士，也包含警察大學的教授和相關實務人員，足足超過百人。我敢保證，過去我所見過的無數警察，肯定都會佩服本書作者的勇氣。有哪個刑警敢這樣毫無保留地公開偵辦筆記呢？

　　尤其作者在將受害事實告訴數位性犯罪受害者之前，如此吐露自己的想法：『這種事情不可能一回生、二回熟。』這樣的坦誠，在我看來相當難得。我想，這或許能帶給相關從業人士一點安慰，進而有助於改善偵辦環境吧？在閱讀本書時，總能從每一次的案件中，感受到作者身為刑警，想為每個事件負責到底的心意。比起過去我所見過的警察，率真而勇敢的作者更像是一位貼近人心、無所畏懼的市民。」

　　　　　　　　　——端，獨立記者團體「追蹤團火花」前成員

前言
站在堆積如山的調查報告前

　　網路犯罪正層出不窮。

　　第四次工業革命始於「參與和共享」的思維，最終促進了 IT 企業的勢力擴張與國際平台企業的成長。然而詐騙犯也搭上這股趨勢，開始從實體躲進網路世界裡，各種詐騙手法應運而生，例如用來搬運贓款不可或缺的人頭帳戶、手機門號，就是透過徵才、求職網站蒐集個資；想要隱藏真實身分，可以變換使用 VPN（Virtual Private Network，虛擬私人網路）或 Telegram 等加密通訊軟體。

　　網路犯罪者迎來了擴張勢力的絕佳機會。那些前科多到超過自己年紀的嫌疑人，利用這些工具在直銷平台上進行第三人詐欺和三角詐欺，成為新一代的二手交易詐欺之神，也就是所謂的「二手物之神」。

　　韓國全國專責調查小組與地方政府成立的受害者援助中心，雖然已經全天 24 小時進行監控與回應，仍然趕不上非法錄影和性剝削物在雲端散播的速度。因 N 號房事件引

發公憤的數位性犯罪，也隨著惡魔主嫌被一一定罪後，逐漸淡出公眾視野。最早將 N 號房公諸於世的獨立記者「追蹤團火花」，多次發聲強調人們不應該只在意加害者，而是要關注針對受害者設立的制度，只是人們早已忘記此事。**人民的漠不關心，推動了數位性犯罪的成長。**數位性犯罪並未消失，只是從爆發 N 號房事件的 Telegram 轉向 Discord 而已，甚至已經開始進入暗網（Dark Web）。

當非法賭博網站成為新興行業後，也迅速跟成人網路漫畫及猥褻物散播市場簽訂了合作協議，線上賭博產業的網飛（Netflix）逐漸成形。問題是賭博網站業者為了爭奪客戶打得火熱之際，賭博成癮的青少年數量正日益增加。

如今，韓國文化已經成為全球知名的品牌，甚至到了韓國一間鄉下工廠生產的醬油都能在菲律賓大賣的程度。而網路用戶透過一組郵件即可串聯全球網路市場，於是居中攻擊的駭客組織應運而生，成為網路犯罪的「頂級掠食者」。詐騙電話、詐騙簡訊的代名詞「金美英組長」（김미영 팀장），是韓國規模數一數二的電信詐騙集團之一。該詐騙集團之所以能向受害者騙取數百億韓元的贓款，是因為有一位在虛擬銀行（貸款利率遠低於市場利率）工作的金美英組長、隨機發送的詐騙簡訊，以及在中國、越南、菲律賓等

地設立據點、扮演不同角色的隨從，還有一群相信金美英組長的受害者。儘管這些人全部遭到掃蕩，但是駭客和金美英組長不同，駭客攻擊的是企業的電子郵件，而且都是外國人。這些組織與奈及利亞 419 詐騙（Nigerian Letter 或 419 Scam）有緊密關聯，都是利用電子郵件逐步擴張詐騙版圖。他們採用「中間人攻擊」（Man In The Middle Attack）的手法，駭入國內外企業的電子郵件，觀察一段時間後，再從中詐騙錢財。

國內外詐騙犯正湧入網路空間，他們的國籍已不再重要。第四次工業革命與平台企業的成長，建構出一個超級連結的世界，而這幫人早已學會快速應對這個世界的技術。如今這個時代，詐騙犯也需要學習技術，才能在網路犯罪世界走出成功的道路。他們就像使用遙控器或計算機上不常觸碰的按鈕一樣，開始學著運用一些零碎的技術，甚至掌握了名為「旁路」（Bypass）的繞道技術，徹底隱藏自己的身分。

對於詐騙犯而言，網路空間就像是為了得出在遊戲中贏得勝利的某個公式，所有人時時刻刻都在集思廣益並互相分享資訊的地方。

這一連串的事件，都是我自己一個人解決的。我在漣川警察局工作的時候，連個網路犯罪調查小組都沒有，我只

能在別人辦公室的角落獨自受理案件，後來即使來到地方政府，案件還是只能由負責人自己處理。受理案件的時候，我會先畫好架構，思考解決的方向，再估算大約什麼時候可以處理完成。

被告個人資料：姓名不詳

起訴罪名：詐欺（使用電腦等詐欺）

接下上級交辦的幾張起訴狀和聲請狀後，一個案件就開始了。網路詐騙案件的被告通常是「姓名不詳」，只能在沒有特定姓名和個人資料的情況下開始調查。因為被告利用技術隱藏自己的身分，所以這類追蹤特定人物的調查報告，分量遠遠超過其他案件。我必須先從受害者的匯款帳戶開始逆向追蹤，或是根據聊天當時使用的網路位址逆向追蹤，整個過程都如實記錄在調查報告中。從受理報案開始，經過逆向追蹤、掌握嫌犯，再到逮捕與拘提，都必須鉅細靡遺記錄下來，所以案件處理完成後，即使經過很長一段時間，調查報告依然清晰保留在我的記憶中。

我決定將自己撰寫這些調查報告時的想法，以及嫌犯

被逮捕後，坐在偵防車後座「真相之屋」*內自白的內容，全都記錄下來。其實警察不能說的事情太多了，其中偵辦手法又是絕對不能外流的重要機密，但是善良的小市民最想知道的並不是機密，而是如何預防。看著處理完的案件疊成小山般的調查報告，我希望告訴人們預防網路犯罪的重要性，因此動筆寫了這本書。

在我人生的三、四十歲，整天都和網路犯罪的受害者、嫌犯相處，當然也留下了難以撫平的創傷。我在經濟犯罪調查小組服務時，遇到一位原告說別人都不相信自己說的話，憤而在家中上吊自殺，這件事造成我的第一個創傷。

「刑警先生，您可以幫忙處理我的案件嗎？」另一位受害者在告別人世前，推開我辦公室的門向外走，留下了最後這句話。

後來，只要聽到其他來辦公室陳情的民眾說出這句話，同樣的創傷便一再折磨著我。所以我離開經濟犯罪調查小組，選擇進入網路犯罪調查小組，但是在這裡又出現了其他創傷。那些我曾經極力想避免的青少年數位性犯罪案件，在

---

* 真相之屋一詞源於馬東石主演的韓國電影《犯罪都市》，指的是警局內可以嚴刑逼供而不被監視器拍到的空間。

我毫無預警的情況下找上門來，我親眼目睹了受害者和家屬感受到的擔憂和恐懼，內心出現難以承受的創傷。我再也無路可逃了。既然我是負責人，如果受害者或家屬受到傷害或選擇自殺，這些責任都必須由我一肩扛起。我沒有退縮，繼續和受害者一起並肩作戰，這個過程反而成為我消除恐懼的機會。

儘管如此，2018 年 12 月，我再度遭遇了難以承受的痛苦，造成我一生無法抹滅的傷害。一名遇上求職詐騙的女子，又被無端捲入人頭帳戶案件，她在找我諮詢的隔天，從家裡一躍而下，結束了寶貴的生命。一切似乎都是我的錯。**受害者承擔了所有的痛苦，網路犯罪者可說是徹底抹殺受害者和在世者人格的殺人犯。**為了生存，我在 2019 年停下調查工作，一頭跳入網路犯罪的預防教育。我認為需要有個人來告訴其他人預防的重要性。

各位讀者接下來即將閱讀的故事，是一個非電腦專業人士獨自解開案件、尋找案件背後隱藏之數字的過程。**所有的網路犯罪，都是在眾人的默不作聲下而壯大起來的。**不過，正因為網路犯罪都是發生在網路這個結合各項技術的空間內，只要將人們分散的關注聚集在這裡，那麼，乾淨明亮的網路空間將不再是遙不可及的事。

第 1 章

數位性犯罪
扭曲的網路自我

我早就料到，數位性犯罪永遠不會消失。

　　2020 年在「追蹤團火花」的檢舉下才公諸於世的「N 號房事件」，向人們展示了網路世界是毫無底線踐踏人權的地方。在排山倒海的輿論下，經營「博士房」的主嫌趙主彬被判處 42 年有期徒刑，而其他加害者卻只受到輕判。更令人遺憾的是，正如我所預料的，N 號房事件並未劃下句點。

　　加害者的數量在技術進化的過程中不斷增加。最早散布非法錄影的途徑是類似種子（torrent）的對等式網路（P2P，Peer-to-Peer），後來變得越來越多元，形成一個無遠弗屆的流通網路。影像製作者在隨機聊天室中等待受害者，再一舉捕食。這些現實生活中沒有前科的人，在網路世界卻是掠食者。他們恣意活躍的平台，至今仍不斷推陳出新。請持續關心這些事，否則掠食者的下一個目標可能就是你和你的子女。

匿名掠食者與青少年受害者

男朋友是兒童及少年性剝削物的製作者

深夜女國中生的失蹤案

值夜班的某天，我接到一則女國中生失蹤的報案。當時已經過了晚上 10 點，報案人是住在首爾的大學生，自稱是失蹤人的男朋友。由於失蹤人的住址在京畿道北部的漣川郡，所以案件從首爾廳移交至漣川警察局。

儘管未成年失蹤經常只是單純的離家出走，警察還是必須先到現場，掌握事件的前後脈絡。我和值班的刑警隊隊員一起趕往失蹤者的家，我們抵達的時候，失蹤的女學生和家人待在一起，她說自己從學校回家後，便一直待在家裡。那怎麼會報失蹤呢？看來要先釐清女學生和報案人的關係。但是，在漣川市區經營深夜酒吧的女學生母親，似乎對此已經見怪不怪，連連說著「沒關係」。

　　這時，我發現一個奇怪的地方，就是裹在女學生右臂上的手帕。我拉下手帕，看見許多用刀劃過手腕的自殘痕跡。雖然不是太深的傷口，血很快就乾了，但這似乎和失蹤報案脫不了關係。只是，沒有任何人對女學生手上的傷口提出疑問，因為如果干涉這件事，可能會忽然變成不懷好意的投訴人，再說只有檢察官有權核發搜索票，當下的情況，我們無法進一步調查。

　　處理案件時，總會擔心搜索票是否會被駁回，因為只有檢察官有權核發搜索票，不可能隨便濫發。如果可以提早準備資料，那當然是最好的，問題是有時候逮捕嫌犯的時間很緊迫，沒空準備書面資料，只能採取「先逮捕，後補件」的做法。不過，聲請補件調查和搜索票的時候，經常會被檢察官駁回，而且補件調查的回覆通常會寫「應述明」。我都已經明確寫下犯罪事實了，還要述明什麼呢？我在擔任刑警期間，檢察官的補件調查回覆比任何事情都更難理解。

　　由於當天出動搜索並未找到明確的犯罪事實，失蹤報案只能結束內部調查。但是那天表情陰沉說著沒事的女學生臉龐，卻無法從我的腦海抹去，這個不祥的預感後來成真了。

將自殺簡訊偽裝成失蹤通報

幾天後，女學生的母親急忙拉著女兒的手跑進警局，母親一臉驚恐，而女學生則哭個不停。母親拜託警察救救自己的女兒，令人看了很難受。第一次見面時的不祥預感果真應驗了，我的直覺是這個問題跟「性」有關，而且也跟那天報案的女學生男朋友有關。

女學生說她透過網路隨機聊天功能認識男朋友，而網路上的邂逅延續到了現實世界的交流，兩人自然而然發展為情侶。然而某天，男朋友看到她和其他男生在通訊軟體 KakaoTalk 的對話內容，忽然暴怒，威脅說以後自己想要的時候，女學生都要出來跟他見面，否則就要在網路上散播影片。因為男朋友手上握有本來不該出現在這個世界上的私密影片，女學生無法獨自承受這樣的恐懼，才會數度劃傷自己的手腕。男朋友每次聯絡不上女學生的時候，就會到警局報失蹤，不肯放過女學生。我第一次見到女學生那天，其實她正向我發出求救的訊號。

男朋友是兒童及少年性剝削物製作者

「你覺得我很好欺負嗎？如果你不想死，就照我說的話去做！不要再哭了，他媽的。今天的事

情，都是你一直以來背叛我的代價，誰叫你要在背後捅我好幾刀。我們就這樣扯平了。我有辦法讓你一拳斃命。把影片發出去是很嚴重的，所以我一忍再忍，一旦炸彈丟下去了，你的人生瞬間就結束了。無論如何，你皮繃緊一點。」

聽著儲存在手機裡的威脅錄音，我想受害者應該像站在懸崖邊一樣恐懼吧。未成年受害者是否同意拍攝影片，這並不重要。如果有人必須為這個不該存在的影片負任何責任，都必須由男朋友負責。受害者說自己去男朋友家玩過幾次，卻連地址都記不清楚，甚至無法確定男朋友的名字是不是真名。不過只要不是人頭手機，聲請逮捕令都不會有太大問題。

男朋友不久前威脅女學生，這個週六如果不出來見面就要散布影片，所以我們在逮捕前準備文件的時間相當緊迫。我將手機號碼持有人的相片印出來給女學生看，幸好確定是同一人。現在他不再是受害者的男朋友了，而是製作兒童及少年性剝削物和恐嚇威脅的嫌犯。一切事件的責任都在嫌犯身上，所有通話紀錄將成為錄音證據，恐嚇簡訊的內容也將印出來做為書面證據。

接著，我們趕緊前往議政府地方檢察廳事件科，向法院聲請許可證和逮捕令，才能檢查嫌犯手機的定位資訊。要想確認即時定位，得先取得一組的定位許可、逮捕令、扣押調查查驗令，逮捕工作才能順利進行，問題是查不到嫌犯的地址，無法聲請扣押調查查驗令。於是我們不得不擬定這樣的計畫：先在約定的場所逮捕嫌犯，無令狀扣押影片的資料後，再徵求檢察官的同意。

如果透過電話要求嫌犯主動到案，嫌犯很可能會覺得被背叛，憤而向不特定多數人散布影片，隨後逃跑或自殺，因此，必須以逮捕令控制嫌犯的人身自由。

聲請逮捕令時，有一項由案件負責人撰寫的「必要考慮事由」。簡單來說，這個項目是用來向檢察官和法官說明核發逮捕令的理由。在聲請逮捕令和拘票時，我常常使用「濃厚」*這個形容詞，這是我從前輩那裡學到的訣竅，用上這個形容詞，整份調查報告似乎就變得更高級了。†

---

* 韓文漢字詞，意指可能性極高。

† 韓國逮捕與拘提所需文件與台灣不同，台灣逮捕無需令狀，對象為通緝犯、現行犯或羈押前的被告，拘提需要法院核發拘票，對象為被告、犯罪嫌疑人、證人等；而韓國逮捕分為需逮捕令之逮捕、無需令狀的緊急逮捕及現行犯逮捕，拘提則需要法院核發拘票。譯文中出現台灣不使用的逮捕令，即是反映韓國不同的逮捕規定。

寫完分量驚人的調查報告，將這些紀錄送交給檢察官後，兩天內逮捕令便核發下來。在忙著處理書面資料的數日之間，受害者與母親每天都過著噩夢般的生活。與嫌犯見面的前一天，我將女學生和母親找來辦公室，耳提面命逮捕當天的移動路線和注意事項。從照顧受害者到處理書面資料，這些都是案件負責人必須一肩扛起的。儘管這樣的調查系統相當繁雜，我們還是不斷沙盤推演，希望不要發生意料之外的變數。

逮捕嫌犯當天

我們比預定時間提前 2 個小時抵達，確認約定見面的祭基洞地鐵站 1 號出口附近的動線後，開始埋伏。出動拘提嫌犯時，刑警人數至少要比嫌犯人數多一人。尤其這次是在市中心逮捕嫌犯，為了應付最壞的情況，我和刑警值勤小隊宋刑警、智慧犯罪調查隊金刑警一起行動。

在約定場所現身的受害者和母親、街上的許多行人，以及逮捕時發生的事情，全都是變數。在眾多變數中，只要有任何一個情況脫離預期，受害者就可能出現在標題聳動的新聞中，甚至登上各大社群媒體的搜尋排行榜冠軍。

約定時間即將到來，女學生傳訊息說她已經到祭基洞

了。我們請她傳訊息告訴嫌犯已經到達，同時向埋伏中的宋刑警和金刑警發出逮捕信號。我們一邊回想嫌犯的面容，一邊掃描路過的行人。這時，有個人映入了眼簾，這個男人穿著棒球外套，身材比想像中矮小，不過的確是照片中那張臉。萬一逮錯了人，一切就結束了，所以我們先跟著他前往地鐵站。

嫌犯掏出手機，撥了電話。因為事前只說好讓女學生和母親發簡訊告訴嫌犯已經到達，如果嫌犯打電話過來，她們可能不知道如何回應。我瞬間做出判斷，和金刑警一起跑了過去，從背後襲擊嫌犯。興趣是練巴西柔術的金刑警，矯健地從身後扣住嫌犯的脖子，搶走手機。

嫌犯先是嚇了一跳，乖乖配合訊問，但他隨即甩開金刑警扣住自己脖子的手，試圖抵抗。眾人在地鐵站前搏鬥了十多分鐘，才成功逮捕嫌犯。嫌犯被逮捕的瞬間，會激發出超人般的力量，這時逮捕令能發揮封印超人力量的驚人效果。我先緩了緩急促的呼吸，接著撥電話給受害者的母親。

「我們已經逮捕嫌犯，您現在可以回家了。」

其實比起逮捕的過程，受害者和家屬的安全更令人擔憂。雖然忙著準備要給檢方的書面資料，時間已經不夠用了，我還是每天監視嫌犯是否有散布影片。一旦影片散布出

去，受害者很可能做出極端的選擇，我也會因此每天過著提心吊膽的生活。所以當我告知她們嫌犯已經被逮捕時，受害者那開朗的回應令我安慰不少。不過安慰只是暫時的，還有找出影片的重要任務正等著我。

扣押調查現場

為了正式展開扣押調查，我們前往嫌犯的家。電腦螢幕中跳出 10 個視窗，嫌犯已經登入他預計散布影片的網站和部落格了。打開附檔一看，全是受害者的臉部、胸部和性器裸露的影片和照片。看來他已經準備就緒，只要點擊一下就可以散布出去，但是嫌犯矢口否認有散布影片的想法，無恥地為自己辯駁，還說他願意用往後的日子贖罪。我並沒有放過這個機會，只要盡早引導他說出所有真相，就能多少縮短寫拘票聲請書的時間。我得趕快帶他去「真相之屋」，讓他將一切和盤托出。

「真相之屋」其實是偵防車的後排座位。這個空間可以避開人們的視線，單獨和嫌犯對話。這名嫌犯表示，自己上大學後很想交女朋友，但是從沒有和女人交流的機會，所以不想錯過在隨機聊天室遇到的女學生。

無論他的說法如何，對方是未成年少女，非法拍攝影

片、恐嚇威脅等事實也不會改變。在拍攝影片的過程中，是否經過未成年人的同意，對於犯罪成立與否沒有任何影響。這正是「兒童及少年色情物品」一詞改爲「兒童及少年性剝削物」的原因，爲的是刪去「色情物品」可能含有兒童及少年主動參與的意思，讓兒童與少年徹底成爲被保護的對象。

　　爲了查封嫌犯家中發現的電腦硬碟和所有儲存裝置，進行拘票聲請和取得扣押調查事後許可，我前往辦公室撰寫相關書面資料。辦案最重要的部分，在於逮捕後撰寫的資料是否妥善完成，因此分秒必爭。檢方並未駁回我強調嫌犯可能有報復行爲而聲請的拘票，隔天立刻向法院提出聲請。

8 號法庭，性剝削物製作者的終點

　　嫌犯身上綁著警繩，前往議政府地方法院 8 號法庭，出席羈押庭。平日的羈押庭會從上午 9:30 開始。如果有委任律師，無論什麼時候抵達法庭，都可以先接受實質審查；但是如果向公設辯護人諮詢，就要按照抵達的先後順序接受實質審查。結束了與公設辯護人的諮詢後，嫌犯在 8 號法庭等候席上等候進入法庭。爲了避免突發狀況，這時案件負責人會坐在最後排的位置上。

　　法官問嫌犯是否有意散布影片，嫌犯回答只想嚇嚇女

學生，沒有散布的意圖。法官閉上眼睛，嘆了口氣。我來過許多次 8 號法庭，第一次看見法官如此苦惱的樣子。在長達二十多分鐘的羈押庭中，嫌犯最終承認了所有犯罪事實。當晚便核發了羈押令。

到結案為止，又過了 2 個月的時間。如果說逮捕後到聲請羈押令是和時間的賽跑，那麼羈押令核發下來後，就要盡全力證明額外的犯罪事實，以及將影像資料全數銷毀。將案件檔案和嫌犯移交檢察機關後，我在辦公室再次見到了女學生和她的母親，她們臉上的陰暗恐懼已經一掃而空。

「非常感謝你們的努力，讓我們可以過上平靜的生活。我們一輩子都不會忘記的。」

這次案件多虧受害者和家屬的勇氣，才能順利落幕，然而事實上也有不少令人遺憾的結局。有時候是影片遭到散布，受害者做出極端的選擇；有時候是嫌犯散布影片後自殺，反而讓活下來的受害者承受更大的痛苦。

偵辦
筆記

像《全面啟動》一樣的預防教育

近來，少年性犯罪逐漸從線下轉往線上，情況越來越嚴重。有心人士透過 X（Twitter）、Facebook、Instagram 內建的訊息功能，或是利用通訊軟體 Discord 從事有關少年的犯罪活動。再加上 MEGA 和 Send Anywhere 等容易上手的雲端平台紛紛推出，非法影像、兒童及少年性剝削物的流通管道日益擴大。

「隨機聊天」的網站與 APP，是非法影像和兒童及少年性剝削物製作者的巢穴，他們以匿名的方式隱藏身分，等待受害者落入圈套。管理這些用戶服務的公司，其實是在提供會員見面的場所，收取入場費。

事到如今，我們不能再推遲預防教育了。雖然我已經開始在學校或各大團體巡迴推動，但這遠遠不夠，教育機關也應該更加大力推行才行，就像電影《全面啟動》（*Inception*）的衝擊（kick）* 一樣。電影中的駭客駭入對方的夢境，讓對方學習某項計畫，醒來後能透過潛意識的力量改變真實的自己；同樣地，我相信透過述說案件的經過，讓大眾事先了解預防的重要性，就能減少犯罪的發生。

---

* 在電影《全面啟動》中，主角們利用墜落的感覺從夢中醒來的方法。

案件 2

與猥褻物散布者的百日戰爭

戴上匿名面具的 101 名掠食者

始於「雲端硬碟壟斷事件」的戰爭

在調查網路犯罪時，我發現部分雲端硬碟公司和特定的非法上傳者（Heavy Uploader）＊有著密切的關係，協助散布非法拍攝影片和兒童及少年性剝削物。「盜錄」、「偷拍」等關鍵字原則上是禁止搜尋的，但是只要稍微調整詞彙的排列，或是輸入注音的聲母，就能找到相關的影片。另外，安裝 patch file 也能讓禁止搜尋的關鍵字失效，所以實際上根本起不了作用。

＊ 指以營利為目的，將大量影片與檔案上傳至雲端硬碟公司的使用者。在 Wedisk 公司社長梁振浩事件爆發後，世人才知道雲端硬碟公司、非法上傳者、隔絕非法搜尋目錄的內容過濾公司，以及刪除非法資料的數位葬儀社（Digital Undertaker）之間互相勾結，形成雲端硬碟壟斷組織。

「本公司使用自主開發之程式，時時刻刻監控非法拍攝影片。然而由於人力不足等原因，無法即時做出適當回應，敬請諒解。」

即使寫信給雲端硬碟公司，得到的永遠是類似這樣的回覆。看到對方回覆「因為技術上的限制，無法從根本解決問題」，令人感到無力。之前法院也有過這樣的判決，說不得以技術上的限制等原因，要求網路硬碟公司全面中止非法傳送。換言之，如果網路硬碟公司主張自己曾為了阻隔非法內容而做出努力，法院就會接受其意見。

既然如此，那麼廣播通信審議委員會（簡稱廣審委）的角色就越來越重要了。當網路服務業者提供猥褻物、非法賭博網站這類〈資訊保護法〉規定的非法內容時，廣審委是唯一可以命令該公司刪除、隔絕、封鎖的機構。過去，廣審委都發揮著這樣的功能，持續審議非法內容，要求網路服務提供者進行制裁措施。不過在「N 號房事件」後，部分聲音認為業務的劃分及合作需要更明確，因此，京畿道以廣域市為首，成立了「數位性犯罪受害者一站式援助中心」*。

除了 N 號房事件，還有一個事件逐漸被人們遺忘，那就是「雲端硬碟壟斷事件」（Web Hard Cartel）。由梁振浩擔任社長的雲端硬碟公司 Wedisk，爆出虐待員工事件，進

而揭露雲端硬碟公司與非法上傳者、部分數位葬儀社 † 之間存在勾結關係，促使全國地方政府成立數位性犯罪專責小組。就在此時，「猥褻物散布者百日取締專案」正式開始。

解放

標籤「＃」（Hash Tag）原本是電腦程式語言，如今廣泛用於 X（Twitter）等社群媒體，能透過相同關鍵字集中瀏覽所有貼文。現在社群媒體上的標籤，已經成為追求廣告和曝光效果，而必須使用的前綴詞或後綴詞了。

隨著猥褻物散布者的取締專案正式展開，我們隔壁的網路恐怖攻擊調查組開始加強監控。我們必須在 100 天內取得顯著的成果，向全國發布新聞資料，而隔壁組早已開始分頭進行各自的任務了。

雖然時間很短，不可能所有組員都交出成果，但是恐怖攻擊組有一個像推土機一樣執行力超強的尹刑警。由尹刑

---

* 京畿道數位性犯罪防制及受害援助相關條例立案後，於 2021 年成立的公家機構，業務內容包含針對數位性犯罪受害者的初步諮商、影音事證的掌握及刪除、聯繫諮商機構等。

† 指接受委託，將網路上特定照片和影片刪除的公司，至於搜尋和刪除的方法，各家公司皆以商業機密為由拒絕公開。

圖表 1-1　韓國 X（Twitter）使用者貼文標註「# 解放」的情形

資料來源：thevisualized.com

警領軍，在一個月內針對 Tumblr 和 X（Twitter）篩選出疑似非法拍攝影片和兒童及少年性剝削物的上傳者。

　　至於我所在的小組，正好與英國犯罪調查局（National Crime Agency UK）及美國聯邦調查局 FBI 合作，接手調查當時潛入韓國的駭客組織，偵辦即將進入尾聲，還無法立刻展開調查猥褻物散布事件。因此，最後決定先由恐怖攻擊小組展開監控作業，等到選出逮捕對象後，再一起進行逮捕作業。

　　上傳至 X（Twitter）的影片中，疑似非法拍攝的影片觀看次數通常很高。假設一個影片的觀看次數為「24K」，

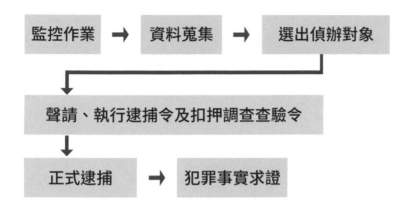

圖表 1-2　案件偵辦過程

K 代表 kilo，也就是 1,000 的意思，那麼 24K 就是有 24,000 次觀看次數。問題是，猥褻貼文是否屬於表達自由的範疇？ X（Twitter）對此並沒有採取任何措施，完全放任文章張貼，青少年可以輕易接觸到這些貼文，問題相當嚴重。特別的是，這些有害貼文都使用了同樣的標籤，那就是「＃解放」*。

---

* 「＃解放」（＃일탈）指在社群媒體上傳個人裸照的行為。

從匿名到逮捕名單

最後，我們篩選出在 KakaoTalk 開放聊天室、LINE、Facebook、X（Twitter）、Tumblr 等社群媒體上，散布疑似非法拍攝影片、兒童及少年性剝削物的上傳者，確認了逮捕名單。嫌犯名單共 101 人，恐怖攻擊小組要在一個月內完成逮捕，其中大多是在 Tumblr 和 X（Twitter）散布的上傳者，這 2 個網站也發現最多援助交際、外送到府性交易、非法拍攝影片交易相關貼文。

網路搜查隊的全部隊員，拿著這份記載真實姓名和個人資料的 101 人名單，召開了會議。首都圈、京畿道、仁川地區由專責的恐怖攻擊小組前往現場逮捕與調查，其餘地區則由各小組劃分負責區域。

我這組分配到了全羅南道、忠清北道、大田、釜山地區。因為要在一個月內逮捕分散在各個地區的嫌犯，並且移送專責小組，只好暫時停下其他業務。我們收到針對每位嫌犯核發的逮捕令、扣押調查查驗令，以及可以即時定位的公務手機，擬定了逮捕計畫。

名單中的嫌犯大多有固定的活動路線，我們發現他們通常工作時間待在公司，傍晚與夜間待在家，週末則在住家附近活動。**他們在現實生活中可能是一名正常的社會成員，**

在線上卻有著醜陋的網路自我。

「15 歲 _ 清涼里」的資料夾

　　由於遠距離出差到各個小組分配的地區，辦公室內幾乎空無一人。正式開始逮捕作業後，刑警們有時會面臨家庭失和的問題，因為無法接送子女上下學，也無法應付家中忽然發生的問題，每次妻子打電話來，只能不發一語地接聽。但是又能怎麼辦呢？雖然心懷愧疚，一有緊急狀況就得出動，正是刑警的工作呀。

　　星期六凌晨，專責小組發出緊急呼叫。負責首都圈的專責小組人力似乎不堪負荷了，我立刻前往辦公室，著裝趕往嫌犯所在地。

　　第一位嫌犯所在的地點是位於蘆原區的一棟多戶住宅。我們在逮捕場所附近以偵防車埋伏，同時準備了逮捕令、警繩、電擊槍和攝影機等器具。雖然是凌晨時分，所有人都在睡夢中，我們還是用拳頭敲了敲門。

　　一名五十多歲女性睡眼惺忪地打開大門，是嫌犯的母親。這種情況非常尷尬。總不能問她說：「您兒子在 X

（Twitter）和 Tumblr 散布性行為影片，不知道這個行為是否有得到片中女性的同意呢？」我們先亮出證件和逮捕令，隨後進入屋內，並且不讓母親進入房間。聽到兒子是製作非法拍攝影片的罪犯，相信每位父母都會受到打擊。

　　我們搖醒正在睡夢中的嫌犯。書桌上安裝了麥克風和照明設備，不知道是否用來進行網路直播；看似訂製的桌上型電腦發出炫麗的橘色 LED 亮光，將漆黑的房間照出粉色光彩。前一天登入的 X（Twitter）帳號依然顯示在螢幕上，和逮捕令上寫的帳號一致。嫌犯共使用 3 個帳號（主帳號、副帳號、其他帳號），每個帳號的暱稱中都有「bdsm」，B 代表 Bondage（綑綁），D 代表 Dominance ／ Discipline（支配／調教），S 代表 Sadism（施虐），M 代表 Masochism（受虐）。

> 「大頭貼是本人。26 歲首爾男性。186.6 公分（無謊報身高）。可約見面純聊天。喜歡拍美美穿搭照的人。平時溫柔，晚上嘿嘿。彼此聊過再決定要不要玩。」

許多女性看到他的簡介而主動聯絡他，並發生性關係。

他說他把自己包裝成商品，放到性交易市場上競標，這句話實在令人難以理解。他甚至在主帳號上傳和不知名女性發生性關係的影片，那還不是副帳號或其他帳號，觀看次數達到 6,802 次，還有人不斷在轉發。上傳的貼文下面，加上了「＃母狗」、「＃炮友」、「＃解放」、「＃女性順從」、「＃男性順從」等惡意標籤。這些都是和成年女性發生性關係的影片，他承認沒有經過影片中女性的同意，便擅自散布，其中部分影片是偷拍的。經過訊問，發現許多影片連拍攝都沒有獲得同意。

根據〈性暴力犯罪處罰等相關特別法〉第 14 條規定，使用相機或其他具有類似功能的機器設備拍攝他人身體，足以引起一般人性慾或羞恥者，視為犯罪行為。拍攝當時即使獲得對方的同意，如果拍攝後未經同意擅自散布、販售、租賃、提供或公開展示、播映，也將受到處罰。**換言之，即使拍攝獲得對方同意，想要將該影片公開於網路上，仍需要額外獲得同意**。嫌犯訂製的桌上型電腦，總容量超過了 4TB，硬碟內大多是透過 X（Twitter）認識的女性，根據其姓名、年齡、見面地區整理分類資料夾。在搜尋硬碟時，我們發現了預期中的資料夾：

「15歲＿清涼里」

我們播放了這個資料夾裡的檔案，片中女性怎麼看都是未成年。嫌犯施虐的性癖好，也施加在青少年身上。於是我們再加上製作兒童及少年性剝削物的罪名，聲請羈押令。嫌犯在羈押庭上，被法官問到「爲什麼這麼做」的時候，他這麼回答：「我想被關注！」

聽到嫌犯的回答，法官瞪大了眼睛，臉上露出驚訝的表情。似乎無法理解這種把非法拍攝影片的觀看次數，當作是人們關注程度的「關種」＊。但我認爲「想被關注」的說法，只是一種藉口而已，因爲影片中並未出現嫌犯本人的臉，只有女性的臉。這個想被關注的嫌犯，是取締專案期間第一位羈押的嫌犯。

＊ 韓國的網路流行語，指渴望受到關注的人。

隱藏在加密檔案中的隨機聊天

　　這次要逮捕的嫌犯住在大田。上傳疑似非法拍攝影片的嫌犯，在與女性發生性關係的同時，仍一邊看著隱藏式攝影機的方向，確認拍攝是否順利。這次事件雖然以散布猥褻物的事由取得逮捕令，不過卻發現了預料之外的犯罪事實。

　　電信公司每隔 30 分鐘傳來的嫌犯手機基地台位置大致相同，呈現一樣的移動模式。嫌犯每天早上 8 點到下午 6 點停留在同一個基地台，看來應該是上班族。我們決定在嫌犯下班後，於他家門口進行逮捕並扣押調查，於是致電電信公司，要求每 5 分鐘將嫌犯的即時位置發送給我們。

　　在分析嫌犯的活動半徑時，通常以 1 個小時到 30 分鐘為單位確認位置。不過在逮捕當天，我們決定改為每 5 分鐘確定一次即時位置，這是因為逮捕時機以 5 分鐘為間隔，正好是刑警和嫌犯之間可以充分拉開距離的時間。但是電信公司無法提供每 5 分鐘一次的位置訊息。

　　當天下午稍晚，我們來到嫌犯家，停好廂型車做埋伏，以便隨時可以逮捕他，現在只要等嫌犯按照平日的生活模式，下班後回到家即可。奇怪的是，每到逮捕當天總會出現變數。我確認基地台訊息後，發現本該下班的嫌犯還待在公

司附近，如果是有公司聚餐或出差，計畫必然會生變，所以我們立刻前往公司。嫌犯的公司在距離住家二十多分鐘車程的地方，他的手機位置一直在公司附近的基地台和其他區域的基地台之間來回，可見還在公司附近移動。

我們不能再耽擱下去，立刻拿著逮捕令進入公司。嫌犯任職於焊接公司，公司表示嫌犯晚點有東西要交貨，去客戶那裡處理貨品了。刑警找到公司來的事，很可能立刻被嫌犯知道，因此我們趕緊打電話確認嫌犯的位置。嫌犯說他剛交完貨，正在回公司的路上，馬上就到，但我們不能相信他的說法。當自己從未公開過的網路人格被世人發現時，嫌犯腦中一定會閃過各種念頭。所以在嫌犯回到公司之前，我們沒有掛掉電話，一直保持通話。就在我們強調手機會被扣押，千萬別耍花樣的時候，嫌犯開著車回到了公司。於是我們先扣押了手機，將嫌犯帶上廂型車，逮捕歸案。

第一次犯下猥褻物散布罪的嫌犯，大多會承認其犯罪事實。只要列舉逮捕令上記載的犯罪事實，嫌犯通常會認知到自己犯下的錯誤有多麼嚴重，並且遵守最基本的禮貌。這次案件的嫌犯也承認了所有犯罪事實。

嫌犯住在公司提供的宿舍，房間內有外接硬碟和 8TB的訂製桌上型電腦。外接硬碟和電腦內儲存了大量的非法拍

攝影片和猥褻物，其中包含了上傳至網路的原始影片。而且這次也發現了拍攝青少年的影片，嫌犯低下了頭，承認影片中的人物是國中生。

因為硬碟中滿滿是不該出現在這個世界上的影片，我們沒收了電腦和外接硬碟，搭上了廂型車。到辦公室至少還要 4 小時，我乾脆就在後座的「真相之屋」進行訊問。

嫌犯坦承自己在隨機聊天室遇到影片中的青少年，不過在扣押的手機裡並未發現該應用程式，似乎是另外存成加密檔案。我告訴嫌犯，反正之後透過數位鑑識（Digital Forensics）* 也能查個一清二楚，不必做無謂的掙扎，乾脆直接把加密檔案打開，嫌犯也立刻輸入密碼。加密檔案裡，果真下載了二十多個隨機聊天軟體。

　「可以先給我看你的胸部嗎？」
　「可是我現在在自習室讀書耶。」
　「先給我看胸部，我就給你看我的○○。」

---

* 指分析桌上型電腦、筆記型電腦、手機等各種儲存裝置或網路殘留的數位訊息，藉此尋找犯罪線索的調查方法。

　　這是嫌犯被逮捕之前和學生之間的對話，正是我們在嫌犯住家前埋伏的時候。聊天的對象是學生，而在聊天的最後，學生悄悄離開自習室，到廁所拍下自己的胸部，傳到嫌犯的手機裡。這名學生可能不知道那張照片有什麼樣的意義，幸好如今嫌犯被逮捕了，**否則嫌犯可能會以這張照片為要脅，按照自己的想法隨意踐踏學生的人權。**

　　究竟為什麼要傳這種可能危及生命的照片？實在令人費解。我多次詢問嫌犯的目的，是不是為了和學生發生性關係？不過嫌犯並未回答。就算不回答，答案也是昭然若揭，肯定是為了發生性關係和拍攝影片。一想到要找出影片中的受害者，告訴她的家人這件事，就覺得百感交集。這種事情不可能一回生、二回熟的。

偵辦筆記

運用轉蛋機制的隨機聊天

　　有一段時間非常流行夾娃娃機，相信各位都有過夾不到自己想要的東西，不停換硬幣的經驗吧。這種風氣在年輕人之間尤其流行，其中有所謂的「轉蛋機制」（Gacha System）。

　　「轉蛋」源於日本膠囊玩具販賣機的名字，現在連網路遊戲公司也開始使用。網路遊戲中販售的隨機道具箱，屬於「機率型道具」。對玩家來說，因為不知道會出現什麼東西，所以只能一直花錢，直到獲得自己想要的道具為止。青少年尤其容易對這種遊戲方式上癮，不過轉蛋機制的問題不僅於此。

　　當轉蛋機制與「數位情色內容」結合，就成為吸引青少年乃至於成年人的絕佳商業手段。最具代表性的案例正是「隨機聊天」。不知道會和誰配對的轉蛋機制，加上與陌生人聊天，誕生出這種隨機聊天平台，然而它早已失去了最初開發的正面意義。帶著犯罪目的加入隨機聊天的使用者，大多會刊登不實的個人資料，盜用他人的照片，犯罪者得以戴上匿名面具，在轉蛋機制中等待獵物上鉤。在這種結構下，單純想與他人交流而加入的使用者，等於將自己的個資白白交給犯罪者。

　　只要軟體開發公司透明管理會員資料，這個問題就能解決，不過這可能造成商業機密外流，所以開發公司不可能會同意。他們只根據使用者輸入的訊息區分性別、年齡和地區，再以轉蛋機制配對使用者，問題就在這裡，**開發公司只收入場費，提供使用者互相見面的平台，剩下的就是使用者的選擇**，因此危險性日益提高。為了避免出現更多受害者，相關機構必須進行討論，採取適當措施才行。

案件 3

躲在鏡頭後的成癮者

SM 成癮者與窺淫癖嫌犯拘提事件

疾病代碼 F65 的性成癮症

世界衛生組織（WHO）將人類的疾病分門別類，制定了 ICD（International Classification of Disease）國際疾病分類標準。韓國也遵照世界衛生組織建議的事項，制定韓國的疾病、死因分類標準（KCD）。

其中，「習慣及衝動障礙」被分類爲疾病代碼「F65」，意指未被歸入其他項目的衝動障礙。簡單來說，這個疾病的特徵在於無法控制自己沒有明確動機的反覆行爲，以及傷害自己或其他人關心的行爲。在「習慣及衝動障礙」中，最具代表性的是「病態賭博」，病態賭博更爲人熟知的稱呼是「賭博成癮」，因爲反覆出現的賭博行爲，造成病患在社會、職場、生活上的影響，也損害了家人的價值與陪伴。

　　但是，目前並沒有針對猥褻物的疾病分類。在訊問因猥褻物、非法拍攝影片、兒童及少年性剝削物而被逮捕的嫌犯時，總會有人抱怨：「如果不看這些刺激的影片，就會難過到沒辦法生活下去。」

　　以 KCD 來看，疾病代碼 F65 確實有包含性癖好障礙（Disorder of Sexual Preference），例如：戀物症（F65.0）、扮異性戀物症（F65.1）、暴露症（F65.2）、窺視症（F65.3）、戀童症（F65.4）、施虐受虐症（F65.5）、多重性癖好障礙症（F65.6）、其他性癖好障礙症（F65.8）等。雖然沒有猥褻物相關的疾病分類，不過長期暴露在刺激性影片中的嫌犯，顯然已經生病了，而且他們總是能找到犧牲者，來滿足他們不正常的性渴望。

平凡的上班族？其實是施虐成癮者！

　　雖說是加強取締期間，不過所有組員集體行動，大規模查緝猥褻物散布者的情況並不常見，這也間接證明了案件的嚴重性。逮捕組不分晝夜從全國押送嫌犯過來，如果在扣押的物品中，有嫌犯親自製作或散布的兒童及少年性剝削物，調查組就會聲請拘票，加強調查的力度。

　　我這次的目的地是釜山沙下區，這位嫌犯是在加強取

締期間，最後一位分配到我們小組的人。正式取締期間結束後，猥褻物事件將轉給專責小組集中調查。

嫌犯接近傍晚才會到家，這時間嫌犯的手機基地台位置在辦公室。我分析嫌犯的移動路徑一週後，發現他和平凡的上班族沒有兩樣。平日下班時間非常規律，週末也沒有離開釜山市區，用一句話來概括，就是非常戀家的人。**但是在確認手機和儲存裝置的內容之前，誰也不知道這次嫌犯的網路人格是什麼樣子。**

由於嫌犯住在走道式公寓的 1 樓，我們擬定的劇本是等隔天嫌犯準備出門時，趁機推門入內。所有組員都因為長期出差、過度疲勞，在宿舍裡睡倒成一片。第二天凌晨，確認嫌犯所在的位置後，幸好他還待在家裡，正準備出門上班。我們急忙檢查逮捕令、扣押調查查驗令、手銬與警繩，立刻前往嫌犯的家，將車子停在可以看清楚嫌犯開門的位置，開始埋伏。才埋伏 10 分鐘，就看到嫌犯開門外出的模樣。

嫌犯的長相和資料上的照片一模一樣。發現準備出門的嫌犯後，我們立刻下車，正面走向從公寓走廊走來的嫌犯，一邊摸著口袋裡的手銬。我邊走邊盯著嫌犯的臉，不過嫌犯似乎發現苗頭不對，眼睛努力看向其他地方。（那個雙眼盯著你，向你走近的怪人，真的有很多事情要問你。）彼此

擦身的瞬間，我用力拽住嫌犯的右臂。一邊是想把嫌犯帶回屋子裡的我，另一邊是想極力掙脫的嫌犯，雙方開始打了起來，一時之間堵住了走廊，公寓 1 樓瞬間擠滿了準備上班的人。我告訴嫌犯，如果不肯乖乖配合回家，就要在這裡執行猥褻物散布逮捕令，嫌犯這才就範。

我們在客廳裡發現一台桌上型電腦硬碟大小的儲存裝置，容量爲 10TB。1TB 是 1,000GB，也就是說，這個儲存裝置可以儲存 5,000 部 2GB 大小的影片。我問嫌犯裡面是不是都是這類影片，嫌犯低下頭，沒有說話。一想到我必須一一把這些影片截圖，寫成調查報告，忽然搞不清楚我自己和眼前的嫌犯有何區別。

在我們搜索臥室和客廳的時候，一台歪斜的冰箱映入眼簾，仔細一看，冰箱後面有一個裝滿假手銬、鞭子、口塞的包包。這時，我透過廁所的門縫和某個人對上眼，那是嫌犯的妻子。這名妻子的臉任誰來看都是生病了的樣子，嫌犯說妻子正在洗腎。如果逮捕她丈夫，我反而彷彿變成了罪人。我無暇顧及正在哭泣的妻子，先將扣押的物品和嫌犯一起送進廂型車後座。

嫌犯手機影片中的男人的確是他本人，不過拍攝對象卻不是妻子。隨著調查越加深入，我似乎也被困在了嫌犯不正

常的網路生活裡。手機影片中，女子咬著和冰箱後面發現一樣的口塞，雙手銬著手銬。對於嫌犯與女子發生這種虐待、暴力的性行為，我震驚不已。

嫌犯說，這名女子是他在常去的餐廳認識的。看到嫌犯掐著女子脖子施暴的畫面，我最擔心的還是安全問題。但是嫌犯說女子已經結婚，過著幸福的生活，央求我千萬別連絡她；另外，只要我把這支影片銷毀，讓它不再存在於這世界上，所有事情都能回歸正常，他相信我也不希望曝光這件事，造成某些家破人亡的局面。

只是，當我看著眼前低頭坐著的嫌犯，內心不禁沉重無比。嫌犯穿著的工作服上印有大企業的標誌，也許是因為這樣，他看起來就像一個平凡踏實的上班族。如果在路上看見他，絕對不會想到他是喜歡玩 SM* 的人，只會把他當成是照顧生病妻子、生活勤勤懇懇的一家之主。現實中的他，和影片中完全是不同的人。

---

* SM 是 Sadism（施虐）和 Masochism（受虐）的縮寫，指施虐者和受虐者在雙方同意下，透過施虐行為獲得性快感的遊戲行為。

困在攝影機裡的窺淫癖患者

有時我們也會收到國際互助的要求，調查猥褻物散布事件，這和加強取締猥褻物散布者專案無關。美國國土安全調查署（Homeland Security Investigation, HSI）曾經傳來一項任務，要求我們協助調查在韓國 P2P* 程式 eMule 中流傳的兒童及少年性剝削物。

在 2000 年代初期，隨著 eDonkey 網路、purna 網站的升級，文件分享程式 eMule 進入了個人對個人分享、傳送檔案的方式。所以我們與美國國土安全調查署合作開發程式，能從 P2P 上流通的兒童及少年性剝削物提取出初始數值，藉此追蹤散布這些資料的使用者。

透過程式篩選出來的使用者，正是上傳、散布大量影片的非法使用者。一般來說，要達到 P2P 非法上傳者的程度，家中必須有十多台高性能電腦在運作，或是一年 365 天都開著電腦，不間斷上傳猥褻物才行。

---

* P2P 為 Peer-to-Peer，指個人與個人透過網路直接連結，互相分享檔案。這種方式擺脫原本伺服器端（Server）與用戶端（Client）的概念，直接完成個人電腦間的連結與檢索，所有人既是供應者，也是需求者。

　　我們利用程式提取出的網路位址聲請逮捕令，掌握嫌犯個人資料。嫌犯 30 歲出頭，是在一家通訊相關公司工作的上班族。我們帶著住所扣押調查令前往公司，私下叫來正在上班的嫌犯，將事先掌握的性剝削物截圖擺在嫌犯面前，一瞬間，嫌犯成了世界上最聽話的人。他以為只有自己知道，想不到連刑警都把證據攤在眼前了，只能乖乖就範。

　　回到嫌犯家裡，一如我們預料的那樣，電腦正勤奮地工作，連續好幾個月，檔案分享程式不停運作著。我們也在猥褻物扣押現場，發現了大量 4TB、10TB 的外接硬碟，數量令人瞠目結舌。本以為這些硬碟裡裝的應該不會都是猥褻物，想不到真是如此。儲存裝置全數扣押後，將會移交數位採證組，根據不同的外接硬碟分類猥褻物。

　　嫌犯收藏如此大量的猥褻物，這已經不是沉迷，而是成癮了。我完全不想檢查所有影片，所以只另外分類出兒童及少年性剝削物。即便如此，要檢查的影片還是很多，所以我用影片名稱來分類。首先用「teen」、「old」、「young」、「school」、「grandpa」、「granddaughter」等關鍵字進行第一次分類，接著再一一檢查影片，將確定為性剝削物的影片整理為犯罪清單。

　　在外接硬碟裡，也儲存著利用隱藏式攝影機拍攝的影

片。嫌犯一早上班的時候，拿著小型攝影機偷拍等公車的女性，或是偷拍對面座位的女性；下班後在餐廳用餐時，也偷拍座位對面的女性；不僅如此，他還在服飾賣場偷拍購物女性的背影，在健身房偷拍運動的女性。這些女性被偷拍的角度，都有露出臉和胸部，或是同時露出胸部和下半身。

〈性暴力特別法〉中的「使用錄影機等器材之攝影罪」要成立，必須在違反他人身體意願的前提下，拍攝足以引起性慾或羞恥的影片。嫌犯確實沒有徵得多數女性的同意，但是「引起性慾或羞恥」的標準應該怎麼判定？讓人無所適從。而且，我們也無法找到一萬多部影片中出現的所有女性，親自向她們詢問。

我在這種情況下所能做的，就是聲請拘票，讓嫌犯到監護所接受藥物治療。**因為他已經是一位窺淫癖患者，經常偷窺和自己處於同一個空間的女性，藉此獲得性快感，無法過上正常的生活。**

透過小型攝影機，用扭曲的視線窺看女性的嫌犯，短期內也許會因為這次的事件稍微收斂，但是如果得不到適當的治療，嫌犯內心的欲望肯定會再度燃起，繼續操控他。

偵辦
筆記

賺錢的非法影片及旁觀者們

我們在社群媒體 Tumblr 和 X（Twitter）上，發現了部分貼文販售像是廁所偷拍的非法拍攝影片。這種時候，其他地方的警察局通常也已經展開調查了，必須先逮捕嫌犯，才能釣出其他相關案件。無論誰先開始調查，只要逮捕嫌犯的警察局要求移交案件，其他警察局就必須交出嫌犯，這是業界常規。

掌握非法上傳者的個人資料後，我立刻進行身分調查，發現嫌犯當時正被關押在清州監獄，其他警察局已經先逮捕並羈押他了。為了結案，我前往清州監獄，在調查會客室見到了嫌犯。他坦承自己販賣猥藝物，賺了 5,000 萬韓元（約新台幣 120 萬元），這個數字真難以置信。其中大多是在廁所偷拍的非法影片、駭入別人家中安裝網路監控攝影機（IP camera、Webcam）所獲得的影片，以及在更衣室偷拍的影片。嫌犯說他通常是以大容量販售，經常使用雲端服務。

如嫌犯所言，近來如 Teambox、MEGA、Send-Anywhere 等雲端服務，可以輕鬆分享大容量檔案，對於非法拍攝影片及性剝削物的流通發揮重要作用。當然，或許會有人認為這是購買影片者和提供影片者個人的問題，但是為了撰寫調查報告，我必須勉強自己

看這些扣押的影片，每每想到影片中的受害女性可能是我的妻子、女兒，我就想追究平台公司的責任，他們讓使用者利用這些影片賺到 5,000 萬韓元，卻置之不理。

　　企業分明可以利用技術和人力加以監控，卻常說因為技術和人力上的局限，沒辦法全部控管，這樣的藉口已經說了好幾年。真令人惋惜，企業的藉口至今依然行遍天下。

N 號房事件尚未結束

匿名的誘惑及還沒結束的戰爭

KakaoTalk 開放式聊天室事件

一名學生和母親一起來到我的辦公室，學生臉上充滿了恐懼，說自己好像被別人監視了。學生將手機遞給我，我檢查畫面上的開放式聊天室，竟上傳了駭人聽聞的文字和影片。

害羞（暱稱）：你自慰過嗎？

受害者：我怎樣？你是誰？

害羞：有還是沒有？

害羞：（傳送影片）我想上你。

智慧型手機的開放式聊天室裡，上傳了想強暴受害者

的訊息和學生的自慰影片。多數人會將對話內容和影片刪除，不過這位學生並未感到害怕或試圖隱藏，而是保留所有資料，隻字未刪。**如果資料被刪除，日後就算進行數位探證，也很難完全復原，所以保留原本的資料是最重要的**。有時會有受害者因為害怕而刪除資料，日後才問能不能按照當時的情況自己重新拍攝影片，很令人心疼。但法律上不允許重拍，拍出來的影片也不能當作證據。受害者只有保存好當時的原始檔案，未來才能運用於搜尋嫌犯是否有刪除、封鎖的可能。

這個暱稱為「害羞」的嫌犯，上傳兒童及少年性剝削物到開放式聊天室裡，所有進入聊天室的人都能觀看。其他進入聊天室的人都使用注音或沒有意義的單字當作暱稱，只有受害者的真實姓名被公開，當然會感到害怕。

接著，我們向 KakaoTalk 公司取得開放式聊天室內二十多人的資訊，在查清個人資料後，全數列為調查對象。不過他們在犯案前，很可能已經先進入嫌犯創立的開放式聊天室，觀察一陣子情況後，才上傳影片。所以我們將時間範圍拉長，取得該聊天室所有參與者的資料。開放式聊天室參與

者的日誌紀錄（Log Records）＊是以秒爲單位存檔，一旦時間拉長，調查對象當然也會跟著增加。再說開放式聊天室的名字或暱稱大多是匿名或假名，如果參與者不主動公開，就無法知道他們是帶著什麼企圖進入聊天室。經調查，參與者有數十位，大多是就讀同一間學校或附近學校的學生。

如果調查對象是青少年，那麼卽使是與案件無關的證人，也必須在可信賴人士（包含父母）的陪同下接受調查才行。爲了協調超過二十多位學生和父母的時間，調查時程逐漸拉長，關於被害者的消息已經在校內傳開了。

每調查一位證人，消息流傳的速度總是比光速更快。在調查尚未結束的情況下，我非常擔心受害學生獨自承受痛苦，最後轉學或搬家，所以心理負擔非常大。如果再繼續深入調查下去，也許還會擴大到其他地區，於是在取得受害者和家屬的同意後，我停止了調查。調查固然重要，不過我更希望保護學生，讓學生能平安生活下去，好好追求自己的夢想。

經過這次事件，**我才知道光靠調查，無法減輕數位性犯**

＊ 指使用者連上特定系統，在登入時留下的資料管理訊息。和誰、何時、如何登入系統，都會自動儲存到電腦裡。

罪受害者的痛苦。尤其是受害者一旦被貼上「數位印記」，消息快速傳開，那麼即使犯人被逮捕了，受害者的痛苦也依然存在。我擔心受害者會做出極端的選擇，因此調查期間承受極大的心理壓力，由於我們已經無法阻止快速傳開的消息，只能等事件逐漸平息後，在未完成調查的情況下移交案件，這是當時最好的辦法了。這次的事件，是我在青少年數位性犯罪案件專責小組任職期間，第一個讓我失去信心的心理創傷。

不只 Telegram 有問題

因為 2020 年的「N 號房事件」，世人才知道性剝削物正以影音的形式快速流傳。然而即便 N 號房事件促成「數位性犯罪特別調查團」的成立，警方積極投入調查，性剝削物的流傳問題依然沒有解決。這個問題恐怕很難完美解決。

N 號房事件的幾位主嫌在首爾廳、江原廳、慶北廳等地落網後，原本以 Telegram 為大本營的數位性犯罪者，紛紛轉往其他流通網路。人們過去以為只要從頭到尾匿名，就可以躲避查緝，如今這樣的想法不再可行，於是快速轉往其他

聊天軟體，造成一波未平、一波又起的氣球效應（Balloon Effect）*。果不其然，上級立刻發來指示，要求調查在國外提供服務的加密聊天軟體†。

Discord 也成為犯罪溫床

本廳在多個聊天軟體中，專門負責 Discord 的調查。數位性犯罪專責調查小組從市民團體與婦女團體接收他們監控的帳號，啟動長達一年的常態取締系統。此外，警察廳也新設了「全球 IT 企業專責小組」，建立與國外社群媒體企業直接合作的窗口。

想要懲罰利用國外社群媒體從事數位性犯罪的嫌犯，需要快速與提供服務的國外企業促成合作。也許是因爲近來問題越來越嚴重，這些企業參與國際合作的意願也日漸升高。位於舊金山的 Discord 總部回覆，只要我們按照相關程序提

---

* 美國毒品政策分析常用的比喻，用來說明一地區的毒品生產若遭到打擊或根除，只會將毒販推向別的地區或國家——就像擠壓氣球的一端，迫使空氣流向另一側。

† 應用端對端加密（End to End Encryption, E2EE）技術的聊天軟體，從發送訊息到接收訊息的全部過程，都以加密形式傳送訊息。非法賭博網站經營者和數位性犯罪者大多使用這類聊天軟體，以為國外企業不會協助國內機構的調查。

供資料，絕對會積極配合。

　　婦女團體和市民團體不分晝夜，蒐集非法拍攝影片和性剝削物散布者的相關資料，交給政府後，專責小組就會與警察廳合作，向美國和紐西蘭要求提供資料。藉由這種方式取得回覆資料，掌握嫌犯的個人資料後，便可依照程序進行拘提與逮捕。只是結果很令人灰心，**因調查 Discord 而拘提或逮捕的嫌犯，大多是未成年人。**

　　Discord 提供語音、聊天、視訊服務，頗受遊戲玩家的青睞。尤其對於《絕地求生》（*PUBG: Battlegrounds*）和《英雄聯盟》（*League of Legends*）的遊戲玩家而言，Discord 更是不可或缺的軟體，獲得韓國十多歲到二十多歲年輕人的大力支持。

　　但是，在使用者以青少年為主的韓國 Discord 平台上，卻發現有數百個有害伺服器，例如：色情、自慰、成人、19禁、AI 換臉（Deepfake）、非法賭博等，這些伺服器不僅提供青少年刺激的內容來營利，甚至覬覦他們的個人資料。

　　一天上傳 500GB 的 A 片連結，影片和合成照各上傳1,200 部和 500 張，韓國、西洋、日本、直播主、抖音影片、照片各上傳 300 則，用文化商品券就可以進入 Telegram 的VIP 頻道。在攝影機前裸體自慰、進行性行為的青少年，他

圖表 1-3　用於匯集、搜尋 Discord 中伺服器的 Disboard 畫面

們的影片被製成壓縮檔販售，以幾張文化商品券就能買到，
而且進行交易的嫌犯都是青少年。

在青少年散布青少年性剝削物的現實之下，所謂明亮乾
淨的網路世界早已不復存在。尤其是竟然可以在 Discord 伺
服器上，找到許多以深度學習（Deep Learning）技術合成
人臉照片的 AI 換臉服務，而且他們毫無例外都用「＃陷害
熟人」等標籤在社群媒體上宣傳。

這不僅僅是 Discord 的問題，在 2018 年網路硬碟壟斷
事件後展開的「猥褻物散布者加強取締」期間，我們在許
多社群媒體上也發現了非法拍攝影片的流通管道，其中流
傳最多非法拍攝影片和兒童及少年性剝削物的平台，就屬
Tumblr 了。

我們必須奮戰到底

包含韓國企業 Naver、Kakao 在內，蘋果（Apple）、
Google、Facebook、X（Twitter）等企業每年都會發布「透
明度報告」（Transparency Report）。透明度報告是企業每
年整理政府要求提供的用戶資料、要求刪除的內容等統計資
料後，以報告形式公開的一種企業報告。前面幾間 IT 企業
發布透明度報告的原因，最終仍是要透過用戶創造收益，而

用戶的個人資料是否受到保護，與企業的收益有直接相關，因此他們將保護個人資料納入企業經營的指標中。只是透明度報告是由各家企業自行發布的報告，沒有固定的格式，企業可以根據其提供的服務性質自由公開＊。

此外，韓國廣播通訊委員會根據〈資訊通訊網使用促進及資料保護等相關法〉第 64 條之 5 及〈法律施行令〉第 69 條之 2，發布了「非法拍攝影片等散布防止責任指定義務者，應提交非法拍攝影片等處理相關報告」，其中就包含了國內外跨國 IT 企業的透明度報告及韓國附加通訊事業業者† 自行製作的報告。

尤其是每日平均用戶達數十萬人的韓國附加通訊事業業者，必須定期向廣審委提交報告。對於防止非法拍攝影片的流通，做出哪些基本面和技術上的努力，相關措施和結果都必須報告；至於是否成立顧客諮詢中心，以進行青少年有害內容的標示與加強使用限制、防止非法拍攝影片的流通等，這些業者內部的規定和處理結果，也必須定期報告。但

＊ 部分內容引用自 Naver 隱私權中心的「理解透明度報告」。

† 意指向 LG、SK、KT 等主要通訊業者借用電訊線路設備，以提供電訊基礎服務的事業。

是，**一旦流通網路被切斷，那麼掠食者將會另尋市場**。爲了保障兒童、青少年在內的所有受害者的安全，所有機構必須齊心協力，找出各種解決辦法才行。

罪惡的淵藪 ── 暗網

在韓國暗網中擁有最多用戶的「Kor Chan」論壇上，出現不少類似下面的詭異貼文，令人哭笑不得：

貼文 #3XXXX　發表於：2021-5-XX 上午 12:34

「看到蘿莉穿尿布的樣子，我就想打手槍，真的……」

→ baby 或 toddler 好像也不少。

→ 我是看到男孩子扮女裝就勃起。

我敢說，暗網絕對是匯集人類醜惡想像力的非法影音流通網。雖然不少人認爲暗網是 N 號房事件後，急就章創立的另一個流通網，不過暗網其實是隨著網路的誕生就同時建立的分散式加密系統。

暗網源於分散式加密網路 Dark Net，1970 年代基

於軍事保密目的，Dark Net 與今日網路的始祖阿帕網
（ARPANET）分道揚鑣。Dark Net 的特點在於利用 Tor*
等特殊軟體，將 IP 位址分散至全世界，從而保障在全球的
匿名性。由此看來，各國提供暗網服務的社群早已存在，韓
國國內也建立了暗網網站。

有暗網（Dark Web 或 Dark Net）、深網（Deep Web）
等各種稱呼的網路黑市，由於最初網路加密的目的，使其成
為黑暗流竄的途徑。在網暗中，主要進行偽造、個資洩漏、
毒品及武器交易、賭博、非法拍攝影片、兒童及少年性剝削
物的交易，且用戶的資訊全部匿名化、密碼化，可以預料暗
網將成為下一個非法內容的流通地。也許是因為這樣，暗網
與一般網路不同，從很久以前就必須透過特定瀏覽器才能連
線，藉由分散在全世界的網路多次變更 IP 位址，這樣的技
術吸引數位性犯罪者與網路犯罪者聚集在此。

這些犯罪者相信暗網可以保障匿名性，不過暗網終究
不會是安全地帶。2013 年，美國逮捕了在暗網以交易毒品
和大麻聞名的絲路（Silk Road）創辦人，並關閉該網站；

---

* 取自 The Onion Router 的第一個字母，稱為 Tor。

2017 年，AlphaBay 和 Hansa Market 等暗網的經營者被逮捕，
網站一度封鎖。另外，2018 年，在美國與韓國等多個國家
的跨國合作下，提供大量兒童及少年性剝削物的 Welcome
To Video 網站經營者孫忠吾遭到逮捕。

　　**數位性犯罪的當務之急是懲罰加害者，事前預防則是第
二順位**，所以相關機構採取的應對方式必須緊密配合才行。
雖然速度稍微慢一些，不過各國司法機關、網路服務業者、
廣播通訊委員會等機構，正齊心協力管理網路平台，相信總
有一天，一定能脫去所有數位性犯罪者的匿名面具。

**偵辦
筆記**

數位性犯罪留下的創傷

　　在加強取締猥褻物散布者的期間，我曾與專責調查小組一起熬夜拘提及逮捕 101 名嫌犯。而在漣川鄉下警察局獨自執勤的那段時間，我逮捕了利用隨機聊天室威脅散布性剝削物的男性嫌犯。另外，時常有遭受視訊偷拍的軍人跑到我們的辦公室，拿拍到自己性器的影片給我看。這種時候，我總想問自己為什麼選擇這份工作，甚至感到後悔。

　　「我不是主動要求裸照的，是想確認對方是未成年人還是成年人，我只是保管對方拍好傳過來的訊息而已。」

　　那些被警繩綁著、送到辦公室來的數位性犯罪者，都想用同樣的藉口脫罪。不過，即便是收到並保留兒童、青少年主動拍攝的照片或影片，〈兒童及少年性保護相關法〉也並未排除這種情況。換言之，無論是收到受害者自己拍的照片或影片，還是要求別人拍攝後提供照片或影片，都算是犯罪。

　　工作這種事總會有適應的一天，但是這樣的生活我怎麼也適應不了。我總是擔心這些非法拍攝影片會不會在暗網等處散布，懷著不安的心情進行調查。

　　一直以來，我竭盡全力維持高度專注的精神和高

水準的工作能力，但即便經過十幾年的反覆磨練，要
維持這樣的強度並不容易。從猥褻物成癮者手中扣押
的儲存裝置裡，有兩張孩子的臉，即使經過好幾年也
無法抹去，這兩個孩子在恐懼中按照拍攝者的指示發
生性關係。當他們的表情和我的孩子重疊時，我便會
失去調查官的冷靜，陷入極大的憤怒中。

　　我應該暫時遠離調查現場，去喚起人們的關注才
行，同時，我也想做一些有所幫助的事情。因此，我
在 2019 年接下了網路犯罪預防教育專責業務。儘管要
獨自負責京畿道北部轄區的網路犯罪預防教育，不過
對我而言，這是唯一可以繼續處理網路犯罪業務，又
能脫離創傷的辦法了。每次見到數位性犯罪嫌犯和猥
褻物散布嫌犯時，我經常感到茫然，不知道自己究竟
站在哪裡，然而在進行預防教育的時候，我覺得靈魂
似乎得到了救贖。

第 1 章
小結

扭曲的網路自我

　　美國經濟學家湯瑪斯·索威爾（Thomas Sowell）曾說：「只有兩種方式可以說出完整的真相——匿名和死後。」看似平凡無奇的人，也可能在隨機聊天室、Telegram、Discord、X（Twitter）、Tumblr 等社群媒體上，戴上匿名的面具，露出比惡魔更可怕的本性。

　　他們利用線上性誘（Online Grooming）和心理操縱（Gaslighting），踐踏許多人的人格。掠食者製作的非法拍攝影片和兒童及少年性剝削物，隨著網路平台的日新月異，如今不僅儲存在網路硬碟 WebHard 裡，甚至透過國外社群媒體和 MEGA、Send Anywhere、Teambox 等雲端服務肆意散布。

　　儘管目前政府多方努力，例如將受害者主要為兒童與青少年的隨機聊天 APP 指定為有害社群媒體，然而數位世界的「性」正利用名為旁路的繞道技術開拓新的道路。在猥褻物散布者加強取締期間逮捕的嫌犯中，有人利用可以臨時生成海外虛擬電話號碼的 APP，接收加入會員時需要的認證

碼，成功加入會員；也有不少嫌犯盜用搭載端對端加密（End to End Encryption, E2EE）*服務的信箱帳號與他人照片，以此成功加入。

這些匿名掠食者的世界觀，正逐漸滲透到網路遊戲中。青少年的遊戲大多都配有聊天功能，很容易成為隨機聊天室。掠食者在遊戲聊天室中利用免費贈送高價藍芽耳機、先到先送的活動等，刺激青少年的好奇心，從而取得他們的電子信箱地址、密碼和社群媒體帳號。**信箱地址及社群媒體帳號是相當重要的個資，把這些資料告訴別人，就等於把大門門鎖密碼告訴別人**，但是沒有任何人提醒青少年，使他們很容易就洩漏個人資料。

玩遊戲玩到社群媒體密碼被盜的青少年，擔心父母知道這件事，所以接受掠食者莫名其妙的要求，裸體站在視訊攝影機前面……惡性循環由此展開。多數青少年為了隱瞞父母和朋友，便答應嫌犯可以散布這個影片。

在網路空間中，犯罪像傳染病一樣快速傳播，**每次出現受害者時，並不是單純地關閉相關網站、切斷連線，問題就**

---

* 指從一開始輸入到最後接收的所有階段，都不以文字儲存，而是以全部加密的方式。

能根除。不過，還是有希望的。過去只有案件負責人獨自面對受害者、監控性剝削物的散布，一個人完成案件，但是現在有京畿道數位性犯罪受害者一站式援助中心的加入，一起集思廣益。另外，像 Tumblr 曾一度被蘋果的 APP 商店（App Store）下架 †，也顯示國內外的各家網路服務企業已經投入杜絕數位性犯罪的活動。

　　過去，追蹤團火花不斷呼籲「不要漠視受害者」，只要我們永遠記住這個聲音，相信未來一定能在對抗犯罪的戰爭中贏得勝利。

---

† 2018 年，蘋果 APP 商店以 Tumblr 含有兒童色情內容、違反使用守則的理由
　將之下架。

「你既如溫水，也不冷也不熱，所以我必從我口中把你吐出去。」

—— 《啟示錄》（*Book of Revelation*）

第 3 章 16 節

網路賭博

成癮的泥淖

我們通常稱呼非法賭博網站經營者為「博彩老闆」（토사장），這是隨著網路平台改變而出現的新興職業。只要微薄的資金和些許人力，就能立刻創業。這種非法賭博網站甚至還和提供猥褻物及非法拍攝影片的廣告業者掛勾，進一步形成OTT（線上影音平台）產業。

　　儘管網路搜查隊和廣域搜查隊的刑警也一起加入逮捕博彩老闆的行列，不過力道依然不夠。非法賭博網站食物鏈的底端是賭博成癮者，賭博成癮者的家庭因為債務分崩離析，一些無法回歸正常生活的人，甚至選擇以死了結。

　　令人擔心的是，就連青少年也跳入非法賭博的世界。或許有人會認為這不過是一門生意，然而賭博就是實實在在的犯罪。這些博彩老闆的下場就是羈押庭，還有一張至死都擺脫不了的判決書：「該名嫌犯使不特定多數人輕易透過網站從事賭博，助長投機心理，阻礙健全的工作觀，將因此造成社會極大的危害。」

案件5 **詐騙之神竟是賭博成癮者**

感謝您把我從地獄裡救出來

偶像演唱會門票轉讓事件

「轉讓演唱會 VIP 票 2 張。位置絕佳！保證有票。可立刻匯款者再私訊，或告知 KakaoTalk 帳號。#EXO #G.o.d #神話 #成始境 #演唱會 #轉讓」

我曾經陸續收到漣川轄區內不少國高中生的報案，說沒有收到演唱會門票。經了解，在 X（Twitter）和 Facebook 上，有一則轉讓偶像演唱會門票的廣告，透過標籤被許多青少年迅速分享。

受害者：請問您住哪裡？我想問可不可以買票。

嫌　犯：您住哪個地區呢？

受害者：我住京畿道漣川。

嫌　犯：我住忠清南道瑞山。

受害者：啊⋯⋯那應該很遠吧。QQ

　　從其中一位受害學生提交的對話內容來看，嫌犯似乎住在忠清南道瑞山，不過事實並非如此。嫌犯的手法是先向提出交易要求的受害者詢問居住地區，再回覆自己的所在地非常遠，避免直接面交。如果受害者還是堅持面交，嫌犯就會以出差等藉口引導他們匯款。通常到這一步，人們都會心生疑竇，**不過在購買喜歡的藝人演唱會門票時，判斷力會降低，嫌犯已經看透了青少年的這種心理。**

嫌　犯：因為很多人說要買，後來又不買，所以我
　　　　需要買家的保證。

受害者：那要我拍身分證或其他證件給你嗎？

嫌　犯：家裡地址也請一起給我，確保不是盜用的
　　　　資料。

受害者：哇！謝謝你這麼相信我。

　　另一位學生把學生證和家裡地址一起傳給了嫌犯。在這

種情況下，日後即使受害者意識到自己被騙而報案，嫌犯也能用身分證等個人資料當作威脅，造成受害者的二次傷害。

由於內容大同小異的報案次數不斷增加，我核對了匯款帳戶，發現全部都是同一人。為了避免再出現新的受害者，應該要立刻凍結帳戶，讓受害者無法付款給該帳戶才對，但是因為沒有相關法律，我也無可奈何。

為了防止電話詐騙之類的「電信金融詐騙罪」，韓國於 2018 年 3 月 13 日起實施〈電信金融詐騙受害防止及受騙金額償還相關特別法〉，可以要求銀行凍結詐騙帳戶，讓正在匯款的受害者無法繼續付款。不過像前面所說的網路交易詐騙、援助交際等性交易詐騙、私設賭博網站等假裝提供財務或勞務的行為，並未涵蓋在電信金融詐欺的範圍中。因此，偶爾負責交易詐騙案件的刑警，通常會寄送公文，向銀行直接提出要求，藉此減少受害者，因為這只是權宜之計，如果銀行拒絕，刑警也沒有其他辦法。

包含開戶所在地，我查詢了從全國各地送來的案件紀錄後，發現受害者累計達 36 人，受騙金額總計 700 萬韓元（約新台幣 17 萬元）。然而，這只是第一次收到的紀錄而已，只要該帳戶繼續使用，就無法保證還會出現多少受害者。

網路交易詐騙調查

接到網路交易詐騙報案的時候，最重要的是確認用於詐騙的帳戶名和手機名義人是否就是嫌犯本人。如果用於詐騙的帳戶和電話是人頭帳戶和人頭手機，那麼需要分析的資料就會增加，案件陷入膠著的可能性非常大。再說，受害者如果在網路上成立自救聯盟，輪流打電話給警局，刑警手上的業務就會癱瘓了，因為這類案件的負責人通常只有一個人。

在這種情況下，解決案件的關鍵只能是盡快分析帳戶交易明細和通話明細，掌握嫌犯真正的身分。在眾多帳戶交易明細中，隱藏著能掌握嫌犯個人資料的線索；而在龐大的通話明細中，也隱藏著能找出嫌犯藏身之地的線索。

如果受害者匯款的帳戶名和真正的嫌犯為同一人，就能立刻掌握地址、實施拘提，但是最近許多民眾登記的地址和實際居住地不同，拘提並沒有那麼容易。雖然說住址不同，只要平時有和家人或友人進行線上、線下的交流，拘提的成功率就會提高，問題是大部分藏匿蹤跡的嫌犯，通常連家人都不願見，所以即使實施逮捕或拘提，他們也會切斷與受害者達成協議的聯絡管道。即便如此，前述的情況還算好的，**因為大多數網路交易詐騙案的帳戶、手機名義人和真正的嫌犯並不同，就算帳戶名和真正的嫌犯是同一人，他們也會盡**

可能使用人頭手機，避免警察的追查。

如果是使用人頭帳戶、人頭手機，還必須確認各名義人和真正的嫌犯是否為共犯關係，這樣一來，初期調查階段必須分析和檢視的資料就會大增。尤其是當嫌犯為男性時，他們時常將女朋友拉入犯罪中，使用以女朋友名義登記的帳戶和手機。

某次，我在調查一起網路交易詐欺案時，發現真正的嫌犯和帳戶名為同一人，但是用於犯罪的電話卻疑似是女朋友名義的人頭手機。嫌犯因多起案件通緝在逃，分析通話明細後，確定了嫌犯長期投宿於全谷邑漢灘江旅遊區內的飯店村。逮捕當天，在飯店主管的協助下，我與刑事組偵查員一起開門入內，發現真正的嫌犯和電話名義人住在一起，正如我所預料的，他們是情侶關係。

雖然也有同時逮捕的情況，不過無論是帳戶還是手機，只要實際嫌犯和名義人不同，就必須擬定好逮捕或拘提時機，確認好抓捕的對象。因為如果沒有同時實施拘提，或是沒有照順序拘提，就有可能會走漏消息，讓嫌犯躲得更遠。追查網路交易詐騙的成敗，取決於我們能掌握多少人頭帳戶和人頭手機、嫌犯能多大程度隱匿帳戶的流向，讓檢方無法追蹤，以及嫌犯是否躲藏得夠隱密。

　　但是，演唱會門票詐騙案件稍微不同，嫌犯不走交易
詐騙那一套公式。帳戶和手機都是嫌犯的名字，用於犯罪的
其他 3 支手機也都是家人的名字，甚至在和受害者聊天的時
候，他們毫不避諱地公開自己的真實姓名和個人資料。也因
為這樣，逮捕令、扣押調查查驗令、手機定位追蹤許可就能
立刻聲請下來。現在就剩逮捕了。

二十多歲的詐騙之神

　　嫌犯的所在地很快就鎖定了。只要分工合作得宜，2 週
內就能處理完成，但是因為只有我一個人分析案件，所以花
了一個多月的時間。我和刑事組宋刑警、經濟組金刑警一起
南下，前往嫌犯所在的大田。我們先打電話給電信公司，將
嫌犯的手機定位追蹤頻率改為 5 分鐘一次。

　　嫌犯住在附近大學生用來當作宿舍的五層樓多戶住宅
的 3 樓，即使嫌犯不開門，從窗戶逃走，我們也有信心追
上。金刑警為了預防萬一，還拿出甩棍。宋刑警跟在金刑警
身後，我則待在門口旁邊，準備一舉攻入。一切就緒後，金
刑警發出「敲門」的信號。

　　「有快遞哦！」

　　雖然最近快遞員不太敲門，但是當時這種偽裝非常有

用。然而在金刑警敲門後，裡面卻沒有任何動靜，敲第二次門也沒有回應。嫌犯手機位置停留在附近的基地台，卻沒有反應，這時就要考慮逃跑的可能性。金刑警再次敲門，此時裡面傳來了聲響。

門一打開，金刑警立刻操起甩棍往裡面走，我和宋刑警也跟著入內制伏嫌犯。嫌犯開門的瞬間，也許是意識到了自己的處境，立刻乖乖按照我們的指示。開門走進客廳那一刻，所有人都停下了動作。因為除了放在房間角落的床鋪和電腦桌，其他地方都被垃圾堆得無處可走，而且垃圾還散發出一股無法形容的臭味，叫人難以呼吸。

我們在嫌犯的電腦中，發現了他和 130 名受害者聊天的對話內容。從對話時間來看，直到被逮捕的前一刻，他還在對受害者說謊。那時，逮捕令上記錄的被害者只有 36 位，看來日後還得找出將近 100 位的受害者才行。我們接著在 KakaoTalk 的聊天目錄中，發現了已經報案的受害者姓名，便立刻傳訊息告知「嫌犯已經被逮捕，請轉告其他人」。才傳完訊息，受害者自救聯盟的部落格就發布了嫌犯已經被逮捕的緊急公告。

感謝您把我從地獄裡救出來

　　嫌犯犯下的罪行，就是利用簡單的修圖軟體，將改好座位的門票賣給看到廣告的受害者。假設嫌犯手上的票是「Ｄ區 floor 3 排 60 號」，就用 B 蓋掉 D，雖然這個手法相當粗糙，在青少年之間卻很吃得開。嫌犯將修圖後的門票拍下來傳給買家，看起來就像真的擁有這張票一樣，藉此取得買家的信任，買家也不太會懷疑。受害者受騙匯款的同時，贓款會全部匯入以有限公司法人名義開設的帳戶，而這間公司正是私人經營的運動彩券賭博網站。受害者匯入的錢全部被賭博揮霍一空。

　　嫌犯說：「等我拿到網路賭博的分紅，我就會還給受害者。」這是我第一次聽到嫌犯坦承自己需要網路賭博資金，才會鋌而走險詐騙。「我沒辦法控制自己賭博，已經到了生病的程度。」聽著受害者的自白，我也相當不捨。他說自己在朋友的介紹下才開始賭博，卻從此離不開賭博，因為不忍心再向提供自己學費和住宿費的父母要錢，所以選擇從事門票轉讓詐騙。

　　「感謝您把我從地獄裡救出來。」

　　原本戴著手銬、低頭不語的嫌犯，忽然向我表示感謝，說謝謝我把他從地獄裡救了出來。我能感受到他的真誠。他

　　說自己一直以來努力想擺脫賭博，卻因為捨不得分紅，沒辦法輕易放手。也說明知道自己身處地獄，卻怎麼也逃不出來，如今被逮捕，反倒鬆了一口氣。

　　儘管嫌犯承認了所有犯罪事實，我還是必須聲請羈押令。聲請羈押令的時候，首先考量的條件是「居住地不明」、「有逃亡之虞」和「必要考慮事項」。儘管這名嫌犯並未四處藏匿及躲避警察的追捕，不符合「居住地不明」、「有逃亡之虞」的條件，不過賭博成癮已足以構成聲請羈押令的「必要考慮事項」。沉迷賭博而需要資金的時候，多數人會向父母伸手要錢，或向朋友借錢，甚至是借高利貸，然而嫌犯直接跳過這些過程，而是**以網路交易詐騙的手段來籌措資金，這點是非常嚴重的**。我聲請羈押令的時候，提出已經掌握的證據和嫌犯的自白，同時強調嫌犯賭博成癮，有很大的風險再犯，屬於「必要考慮事項」，檢方的想法可能也和我一樣，所以向法院聲請了令狀。

　　召開羈押庭當天的上午 9:30，將關押在拘留所的嫌犯帶往法庭之前，必須先進行身體檢查，還有許多要準備的文件，得提早出發才行。再加上漣川當地沒有拘留所，要先從距離 1 小時車程的抱川警察局拘留所帶出嫌犯，再前往距離 1 小時車程的議政府地方法院，所以從凌晨就要開始準備。

　　嫌犯已經關押在拘留所好幾天，連個澡都沒能好好洗，就被警繩綁著送往法院了。他在車裡低著頭，不發一語。在與公設辯護人將近十多分鐘的會面中，其他嫌犯還會極力爲自己辯護，說「無論如何都要和對方達成和解」，但是這名嫌犯只是承認了所有犯罪事實。

　　結束與公設辯護人的短暫會面後，嫌犯走進法庭內，被警繩綁著的雙手抖得相當厲害。這一切情況都是人生第一次經歷，當然會感到恐懼。我們將拘票及犯罪事實文件交給嫌犯，請嫌犯確認，嫌犯沒有看，只是拿在手裡。他告訴我，這次進去再出來，就要戒掉賭博。

　　我不知道監獄內是否有戒除賭博成癮的課程，不過我從嫌犯進入羈押庭的前一刻、向我說出的一番真心話裡，感受到了他的真誠。尤其是在沒有前科的情況下，這番話更具有真實性。我能爲嫌犯做的，只有告訴他一句：「說出你第一次被逮捕時的心情就好，別擔心。」法院書記官叫到了我們，我爲嫌犯解開警繩和手銬後，一起進入了法庭。法官在開庭期間幾乎不會向負責人提問，所以我總是坐在最後面靠門口的位置，看著嫌犯的臉，試著解讀他們回答問題時的表情。然而在二十多分鐘的羈押庭期間，嫌犯全程低著頭，承認所有犯罪事實。當天下午稍晚便發出了羈押令。

　　案件移交＊後，檢方傳喚了嫌犯家屬，建議家屬：「要找出全國超過 100 位的受害者，一一和他們達成和解，可行性不高，不如委任律師，將受騙金額退還受害者，那麼法院也好酌情量刑。」幾天後，檢方收到了律師委任狀。

　　我趕緊在網路交易詐騙受害者自救聯盟的網站上，發布尋找其他受害者的公告。這些另外報案的受害者用電子信箱寄來帳戶匯款明細、與嫌犯往來的訊息內容，以及簡單撰寫證據資料的陳述書，我再根據這些資料整理成一份「追加犯罪事實一覽」。雖然沒能製作個別和解書，不過我想，把追加犯罪事實一覽交給律師，再向受害者退款的方法，應該是我能為受害者所做的最大努力了。

　　雖然這一個月內電話量暴增，搞得我像藝人團體的經紀公司一樣，**不過我希望讓青少年知道法律離我們並不遠。**學生拿到退款後，比嫌犯被逮捕時還開心，連連向我道謝，這一刻，案件帶來的壓力瞬間消失。大概是因為這樣吧，在

＊ 將案件負責人製作的所有調查卷證交給檢方，稱為「移交」。警察移交的案件資料將分派給檢察官，如果初步檢視文件後，認定不需要額外調查，就可以只進行卷證審查，向法院求處罰金等刑罰，稱為「簡易判決」。若犯罪事實有爭議，或是案件為羈押案件，必須由法院召開正式審判，稱為「提起公訴」。

小學生和國高中生未來想從事的工作排行榜中，警察已經連續幾年名列前茅了。

可怕的成癮

案件移交將近 2 年的某天，我接到辦公室打來的電話，有人報案購買偶像歌手演唱會門票被詐騙，出現許多受害者，帳戶名似乎和先前逮捕的嫌犯為同一人。接到電話的當下，我立刻在 X（Twitter）搜尋了以下標籤：

防彈少年團 # 防彈演唱會 # 演唱會

因為 X（Twitter）可以重新申請帳號，我無法立刻確定是否為同一人，所以我先向受害者取得匯款帳戶名。名字確實是當年的嫌犯，只有收款的銀行和 2 年前不同而已。我可以確定的是，在案件移交後，嫌犯雖然將受騙金額退還給受害者，但最終求處的刑期可能不長，他也可能正以緩刑的名義逍遙在外。他在羈押期間肯定沒有接受賭博成癮治療。我找出移交卷證資料當時記下的家屬電話，打了過去，家屬一定不希望再聽到案件負責人的聲音，但是我告訴家屬我想和嫌犯通話，請對方告訴我嫌犯的電話號碼。

　　時隔數年再次聽到案件負責人的聲音，嫌犯並未辯解什麼，坦承這些事情都是他做的。他說自己戒不了賭博，所以再次犯案，聽到這句話，我不禁憤怒大吼。儘管如此，**這名嫌犯最需要的是「治療」。單憑家人的努力，也很難恢復正常。賭博的成癮性如此高，如果沒有專業機構的幫助，絕對無法回歸正常生活。**

**偵辦
筆記**

賭博網站偵辦方式

　　賭博網站的調查方式採取「由上而下」（Top-Down）和「由下而上」（Down-Up）。由上而下的方式是指，逮捕賭博網站食物鏈中位於頂級掠食者的網站經營者和總負責人後，再逮捕參與網站經營的其他嫌犯，再往下調查賭客。由下而上的方式是指，從賭博網站用戶開始調查，再逮捕網站經營者和總負責人，從下游溯及源頭。

　　在由上而下的方式中，由於先逮捕網站經營者，通常會在現場發現大量的人頭帳戶、人頭手機等證物，從中可以找到實際經營賭博網站所使用的帳戶，如此一來就容易掌握會員名單。這種方式必須一舉逮捕所有經營者，根據帳戶管理策略、宣傳策略等各種事證來羅列犯罪事實，聲請羈押令才行，所以前提是地方政府要有網路搜查隊等相當人數的調查人員，才可以啟動案件的調查。

　　由下而上的方式則是根據賭博網站會員匯款的帳戶和網站資訊著手調查，越往上調查，需要分析的資料就越多，當然也需要更多時間。通常逮捕網路交易詐騙嫌犯後，可以在犯罪帳戶內發現賭博網站資金轉移明細，或是逮捕電話詐騙的車手後，也可以發現賭

博網站內操作資金轉移的人，所以刑警一開始調查時，大多使用這種方式。只是警察局每天都會接到受害者和民眾的報案，為了調查賭博網站，必須組成專責小組，暫時不分派案件給這些人，或是只留下最低限度的人員，其他人全部投入賭博網站的調查才行。

　　不管調查方式為何，重點都是掌握賭博網站經營者和營運據點。而在掌握經營者之後，會發現他們多數都是租賃套房或住商大樓等地做為營運據點，採輪班制管理，所以只有掌握營運據點，才能獲取資料和證據，進入下一個調查階段。

　　遺憾的是，要徹底消滅賭博網站是非常困難的。賭博網站一年 365 天全天候運作。即使被檢舉為非法有害媒體，或是被追查到而切斷連線，也只需要變更網域名稱（Domain Name），就可以立刻死灰復燃。只要警方沒有發現辦公室，拆除伺服器，賭博網站就會像殭屍一樣不斷復活。

總負責人（多人經營／獨立經營）、管理策略（會員管理）、出納管理（會員紅利金管理）、宣傳策略（會員招募）

網站宣傳及會員管理	網站經營維護	人頭帳戶募集及提供
與社群媒體、個人頻道經營者、成人網路漫畫、性交易網站合作	賭博網站內容更新、經營相關技術支援	會員出納帳戶管理、紅利金支付及洗錢

圖表 2-1　賭博網站經營組織圖

三五好友夢想成爲博彩老闆

吸取賭博成癮者鮮血的人

親眼目睹犯罪籌劃會議

　　某天午餐時間，我接到朋友的電話。這位朋友在首爾汝矣島上班，平時對警察的工作內容特別感興趣，他說某天和公司同事在用餐的時候，聽到隔壁桌 4 名男子正在談論犯罪相關的事情。內容提到要聯絡懂得開發網站的工程師、如何蒐集人頭帳戶、租賃住商大樓等話題，因此認定他們可能在討論經營賭博網站的事。朋友認爲，在籌劃架設賭博網站的現場，警察可以立刻將他們逮捕，所以向我檢舉。我很感謝朋友的好意，不過籌劃賭博網站並不適用於殺人之類的陰謀罪或預備罪，因此不能給予任何處罰。

　　不只是我朋友的檢舉，其實最近類似的檢舉越來越多，其中可信度相當高的檢舉也不少，例如內部同夥轉爲汙點證

人的情況。在這種情況下，檢舉人會很擔心身分暴露，因此從內部調查階段開始，就必須全部匿名。但是單憑檢舉人的陳述，可能不足以找出啟動調查的線索或證據，所以為了優先掌握豐富的線索，我必須先與檢舉人見面。

　　我私下和檢舉人見了一週的時間，最終說服檢舉人來我的辦公室。一旦逮捕或傳喚賭博網站相關人員，進入正式調查，辦公室外就會聚集一些阿貓阿狗，隨時分享並散播調查進度。所以我只會在調查初期會見檢舉人，如果需要額外調查，絕對不會約在公開場所見面。

　　和檢舉人見面時，最重要的是「檢舉的意圖」。如果是為了獎金而來的單純檢舉，情報量不夠，很快就會碰壁。不過，如果是為了剷除同業競爭者而偽裝成檢舉人，不僅檢舉資料充足，情報可信度也高，只是調查的公平性會因此受到影響。而且這種情況搞不好會讓自己變成受人操控的獵犬，所以一定要掌握清楚檢舉的意圖。

賭博網站的激烈戰爭

　　檢舉量的增加也代表著賭博網站的增加。**隨著賭博網站的激增，業者之間的競爭越加激烈。**為了讓競爭對手的會

員暫時無法連上網站，有人還會使用 DDoS 攻擊*，或是綁架下注帳戶，使會員無法下注。而且綁架重要性等同人類血管的下注帳戶，讓網站會員無法使用服務，還能逼得會員檢舉該網站，進而消滅同業競爭者。不肖業者看準了電話貸款詐騙等受害者，在匯入受騙金額後，可以透過法律途徑直接要求凍結該帳戶，所以故意利用電話，誘導受害者向同業賭博網站的下注帳戶匯款。

想要解除被凍結的帳戶，必須由最初報案的受害者重新解除，或是帳戶本人提交法院許可書或判決書，向銀行申請解除。但是只要受害者沒有收回受騙金額，就無法解除凍結，而且帳戶本人也會主張被網路賭博帳戶盜用，要求懲罰帳戶使用者，根本不會親自跑一趟警局。所以，綁架下注帳戶是癱瘓同業競爭者最有效的方法。因此，許多網站為了避免電話詐騙匯款，大多實施會員帳戶實名制。

---

* Distributed Denial of Service Attack，分散式阻斷服務攻擊。

您好：

　　為提供更安全的使用環境與服務，請留意以下公告。

　　即日起，為減少惡意之電話詐騙匯款造成的損失，請您於加入會員時，以綁定成功之本人帳戶匯款。若以其他名義帳戶匯款，或以變更存戶名字之其他帳戶匯款，恕無法受理。

　　以未經確認之帳戶匯款時，可能造成個人權益之損失，請特別留意，並請您於使用本網站前詳閱相關規定。

　　關於以上內容有任何疑問，請您洽詢本網站客服中心。

詳細內容請洽詢客服中心。　　　　　✓　客服諮詢

不再顯示本視窗 ｜ ✕ 關閉

圖表 2-2　非法賭博網站防止電話詐騙匯款之公告

在創新城市落腳的非法博彩網站

　　蘋果公司創辦人賈伯斯（Steven Jobs）和史蒂夫‧沃茲尼克（Stephen Wozniak）、PayPal 創辦人伊隆‧馬斯克（Elon Musk）和彼得‧提爾（Peter Thiel）、Google 創辦人賴利‧佩吉（Larry Page）和謝爾蓋‧布林（Sergey Brin）等，在這些與「創新」畫上等號的 IT 企業神話中，

都能看見創業者和他們的靈魂伴侶。

2013 年，江原道成功吸引各種創新城市落腳，吹起一波房地產熱，此時，在江原道的一座鄉村裡，也有一位懷抱創新夢想的男人。他正是曾經從事郊區房地產工作的朴龍敏（化名），他想擺脫無聊的生活，於是向在附近不動產公司工作的兒時好友李成振（化名）提議，一起搞博彩來賺點錢。

當時，該地區因為創新城市的落腳，房地產似乎即將迎來熱潮，然而這兩人卻沒有嘗到任何甜頭。朴龍敏雖然已經在房地產公司工作了 10 年，仍只是擔任助理。身為房地產仲介的親姊姊掌管整間公司，親自處理所有仲介業務。所以即使地區開發帶動交易量增加，對朴龍敏也沒有直接的好處。而小弟李成振的情況更不樂觀，由於公司倒閉，連帶他也失去了房地產助理的工作。

面對朴龍敏邀他付權利金頂下賭博網站的提議，李成振沒能拒絕。因為他認為朴龍敏在這一區建立的人脈還不錯，如果自己拒絕了，他也一定可以找到其他合夥人。要是現在退出，日後到手的好處就會被別人拿走了，於是李成振決定成為朴龍敏的靈魂伴侶。就這樣，三五好友開始實現賺大錢的夢想，成為「博彩老闆」。

　　他們將網站取名為「明星」（st-911.com），名字雖然很好聽，起頭卻很寒酸。至少辦公室要設計成開放式的，多少營造一點 Google 公司的氣氛，然而他們只是在狹小的套房內放了1張書桌、2台電腦主機、4台螢幕，就這麼創業了。

　　朴龍敏必須隨時和工程師通話，檢視網站狀況。李成振看著朴龍敏和網站工程師通話，時時確認網站連線是否順暢、是否有同業競爭者攻擊，對朴龍敏產生了信任感。再說他也需要解決吃住的問題，於是李成振正式開始向朴龍敏學習相關業務。

　　經營運彩網站，其實不必學習或掌握賭博的技巧，只要學會儲值、換幣、輸入運動比賽結果，就可以經營網站了。比賽結果按照 named.com 或 LiveScore 等運動賽事網站上的資料輸入就行，只要儲值和換幣沒有出錯，剩下賺到的就都是淨利。

　　但是有一點一定要顧好，那就是會員用來儲值和兌換下注金的「出納專用帳戶」。因為還在創業初期，沒有餘力和提供人頭帳戶的廠商談合作，所以手機名字、用來當作據點的套房，甚至是儲值、換幣的帳戶，都是用小弟李成振的名字登記。

　　朴龍敏在招攬會員方面，表現出與眾不同的能力。他

在當地土生土長，從事房地產工作也認識了不少朋友，透過病毒式行銷吸引了不少會員。初期會員人數只有 20 人，但是後來開始穩定成長。加上會員都是常客，每日平均下注金額達到數百萬韓元（約新台幣數萬至 10 萬元），忠誠度相當高。

彩券根據命中「輸、贏、平手」的機率發給分紅，所以網站經營者無法造假。為了支付每個月固定花費的網站維護費和薪水，並且增加收益，他們需要更多的會員。起初的 2 個月幾乎沒有收入，後來會員數開始持續成長，李成振每個月平均可以領到 200 萬韓元。對他而言，沒有比這更穩定的工作了。

經過幾個月的強力宣傳，固定收入開始增加，他們需要更寬闊的辦公室。網站工程師建議定期更換辦公室，於是他們從套房遷往較寬敞的住商大樓，也招募了新血，這些員工原本都是住在附近的三五好友，因為這層關係才被選上。

非法新創企業的壯大和藏匿

新員工到職後，紛紛啟動各自的業務，努力擴張市場，例如為了打入 LiveScore 等具有影響力的市場，他們購買大量帳號向 LiveScore 會員進行個別宣傳。主謀朴龍敏並未暴

露自己的身分，稱呼也以化名代替，就連業務會議或面談也
都以電話或透過代理人見面，徹底隱身幕後掌控一切。

在辦公室搬遷後的 2 年內，他們持續經營網站，累積
了 50 名會員，每日平均下注金額將近 800 萬韓元（約新台
幣 20 萬）。以 50 名會員平均每日下注 800 萬韓元來計算，
每月平均將有 2 億 4,000 萬韓元（約新台幣 600 萬）流入賭
博帳戶。即使把會員的分紅兌換成現金支付，每個月還可以
淨賺 2,000 萬韓元（約新台幣 50 萬）。他們公司就算不是
優良中小企業，也至少是同業競爭者中的潛力股。

因此，他們需要好好整頓這 2 年來平均每月帶來千萬
收入的「明星」網站，這次的大規模整頓再次從遷移辦公室
開始。由於李成振需要住處，每次遷移辦公室的時候，都必
須同時解決住處的問題，所以他用個人的名義簽下辦公室
租約。至於網站名稱保留「明星」，網址則從「st-911.com」
改爲「tt-911.com」。

網址變更必須按照工程師的指示，只要輸入目前的網
址，就可以自動連接新的網址，所以也不必特別發訊息告訴
會員網站變更了。每次遷移辦公室，原本的員工就會辭職，
朴龍敏和李成振招募新進員工的同時，他們依然繼續擔任執
行長和副社長一職。

或許是因為堅持透過舊會員推薦的方式招募新會員，網站會員數一直穩定成長。而且更重要的是，這些加入的新會員奠定了「明星」網站成長的基礎。2017 年 5 月，公司進行了大規模的網站改版和員工輪替，辦公室遷移至六十多坪的大型公寓。隨著 2 名新員工的加入，共 4 人經營的「明星」賭博網站，成為名副其實的明日之星。由於高忠誠度會員的介紹，會員數不斷增加，每月平均收入達到 2 億韓元，平均淨利達 6,000 萬元（約新台幣 140 萬）。除了足球、棒球、籃球等運動競賽，網站也增加了百家樂、電子遊戲等各種類型的娛樂項目，可謂進入了全盛期。

朴龍敏大幅提高李成振的月薪，也給其他員工符合他們職務的待遇。李成振立刻用每月 130 萬的租金，連續 5 年租下一台 5,800 萬的賓士車，甚至開始打自己命中無緣的高爾夫球。朴龍敏和他搞房地產時期認識的酒館女老闆，每個月平均去澳門旅遊 2 次。雖然朴龍敏已經結婚，也有了小孩，但是他認為自己每個月給妻子買一個名牌包，就算盡了丈夫的責任，所以大膽假借產業研習的名義，和情婦在澳門豪賭，浪擲千金。

隨著支出的增加，眾人對利益的分配也開始感到不滿。最後他們達成協議，執行長以外的 3 名員工，以 3：3：3 的

比例平分收益。但是，這種奢侈的生活也即將進入尾聲了。
因爲這些經營者的眼光只放在利益分配，卻忽略了一個非常
小的問題。

非法賭博網站逮捕作戰

　　結束對網站營運據點的最終調查後，我們擬定了正式的
逮捕計畫。由於地方廳網路搜查隊全體出動，需要有一份詳
盡的逮捕計畫，明確安排各組執行的任務才行。我們擬好各
組負責逮捕的嫌犯名單和逮捕場所、扣押調查場所等內容，
撰寫爲一份詳細計畫書後，分發給各組。

　　**事前調查掌握到的賭博網站營運據點，自然是最多嫌
犯聚集的地方，但是逮捕嫌犯後，一定要扣押住家。**因爲偶
爾會有把保險箱放在自家，而不是網站營運據點的情況。我
們這組是案件主要處理小組，當天和支援組一起殺進營運據
點，現場逮捕幾名嫌犯，執行扣押調查；另一組則預計先扣
押調查「明星」賭博網站的創辦人，同時也是這次案件核心
人物朴龍敏的住家，再到逮捕現場跟我們會合。

　　逮捕當天，我從辦公室出發不到 3 個小時，便收到事
先埋伏於地下停車場的小組成功逮捕嫌犯的消息。接著，逮
捕小組若無其事地和嫌犯上樓進入營運據點，一舉擄獲其他

嫌犯。與此同時，另一組正對網站總負責人的住所進行扣押調查。到達現場短短 35 分鐘內，我們將賭博網站員工全數逮捕。從營運據點扣押的電腦主機和文件，被裝進快遞司機使用的推車裡，和身上綁著警繩的嫌犯一起押送至辦公室。

從嫌犯被逮捕的那一刻起，絕對不能給他們見面的機會，因為有串供之虞，消息可能會立刻走漏給未來要拘提的嫌犯。尤其是總負責人和管理層主管，一定要分開調查才行。總負責人朴龍敏由其他刑警在辦公室旁邊的審訊錄影室調查，我則負責調查總負責人的靈魂伴侶李成振。因為朴龍敏被逮捕後，在返回辦公室的車內向案件負責人坦承一切，所以由那位刑警來調查會更有效率一些。

「明星」的上線時間從 2013 年 1 月 1 日到 2018 年 2 月 2 日。起初只有 2 人的小型賭博網站，在 6 年內吸收了 13 位好友，管理著一百多名會員。6 年來共有 180 億韓元匯入 10 個不同的帳戶，嫌犯賺取的淨利高達 15 億韓元。特別的是，朴龍敏把最後一筆收益存進自己的帳戶，同時固定匯款給情婦的帳戶，這筆錢全部花在了澳門氹仔的賭場。這些博彩老闆大多不會把賭博賺來的錢存進銀行，而是把現金放在保險箱裡，或是購買高級進口車、花在賭博上，這是因為沒

收保全＊和追繳制度。

　　6 年來，「明星」的會員都是忠誠度相當高的顧客，他們大多是住在同一個地區的好友，隨著網站的成長晉升爲 VIP 客戶。追查他們的下注金額，幾乎都是從 10 萬韓元開始，逐漸提高到 200 萬韓元。如果是這種程度，要說整個村子都沉迷於賭博也不爲過。**那些經營「明星」網站，讓整個村子沉迷於賭博的博彩老闆，最後的下場是「議政府地方法院 8 號法庭的羈押庭」**。在開羈押庭的前一天，總負責人朴龍敏甚至透過妻子提出委任律師的要求，只想保全自己，不過最後，法院仍一視同仁予以羈押。

＊ 為避免當事人提前處分沒收對象（即不法獲利），檢方可向法院請求事前保全程序。

偵辦筆記　像病毒一樣蔓延的非法賭博

　　某天，一名大學生來到我的辦公室。這名大學生表示，只有向警察檢舉，才能幫助朋友戒掉賭博成癮。他說自己的國中好友是體保生，保送大學後就開始沉迷賭博。檢舉人交出和朋友連續幾個月的對話紀錄。

圖表 2-3　大學生檢舉人和朋友的部分對話紀錄

　　檢舉人表示，一開始朋友說收到 2,700 萬韓元的鉅款，拿給自己看的時候，本來他就不相信。後來朋友又說帳戶存款次數太多，戶頭被凍結，向自己借 2 萬韓元的時候，他才驚覺朋友的賭博成癮已經到了病入膏肓的程度。檢舉人說他是真心想把朋友從賭博的泥淖中救出來。

　　我根據他檢舉的內容和帳戶存款明細聲請核發扣押調查令，並仔細檢查帳戶的交易明細。從 2015 年 11 月開始，到 2017 年 6 月為止，共有 256 筆交易，總計大約 3,400 萬韓元匯入某家公司的帳戶。

　　最初開始賭博的時間，也和檢舉人的陳述吻合。通常大學生都是和朋友一起賭博，所以我們也發現了同校學生的交易明細。這些額外調查出來的賭博行為人，當時都就讀於體育系，也一起住在宿舍。無論從交易次數或金額來看，都已經屬於賭博成癮的程度，所以我們寄出約詢通知書。

　　嫌犯來到辦公室接受約談，說他非常後悔，很想戒掉賭博，但是找不到願意關心他、幫助他的人。他坦承訓練結束後，會和朋友在宿舍玩猜輸贏的運動賭博和爬梯子遊戲，下注數千萬韓元。如今他們面臨的唯一課題，就是償還向家人和朋友借來的錢，以及戒掉賭博。

　　這種情況最近也發生在軍隊中。因為從 2019 年 5

月開始，韓國國防部全面解除國軍官兵的手機使用禁令。解除手機禁令當然有其好處，但是一旦群體生活中出現一位賭博成癮者，就有快速傳染的風險。另外在軍隊生活中，官兵常有潛在的好勝心和競爭心，所以沉迷賭博的機率又更高。如果負責官兵精神教育和生活指導的幹部缺乏對非法賭博的警覺，就很難及早介入，所以要根除賭博並不容易。

網路賭博的項目不只有國際運動賽事，也包含了電子競技、比特幣賭博遊戲 Bustabit、蝸牛賽跑遊戲、外匯交易遊戲（Forex Game）等各類型遊戲。如今賭博網站數量大增，已經到了警察怎麼取締也跟不上的速度了。至少從現在開始，我們應該深刻意識到賭博成癮的嚴重性，韓國賭博問題管理中心等公家機關也要付出更多努力才行。此外，更要積極推動預防教育，以免孩子們被周遭的花言巧語所騙，以為金錢可以不勞而獲。

日新月異的非法賭博網站

廣告代理公司逮捕事件

無窮無盡的會員資料

那些參與過賭博網站經營的成員，可能一轉身就是敵人。也許有人認為敵人的敵人就是朋友，不過事實並非如此，他們只是另一個敵人而已。這些人為了毀滅同業競爭者，以汙點證人的身分向警察報案。不過即使他們戴著汙點證人的假面具，主動向警局或國民運動振興公團投案，警方也不能和他們站在同一艘船上。

如果要說哪個地方聚集了世界上最惡劣的人，我肯定會說是非法賭博網站的營運據點。這些人就是每天生活在不安之中的人類垃圾，他們的槍口指著彼此的腦袋，處於墨西

哥對峙（Mexican Standoff）*的關係中。一群犯下非法行為
的人，組成一個大型非法組織，每個人都不信任彼此，不知
道什麼時候會被對方背叛。這是因為賭博網站的同業常常互
相挖角，或是原成員乾脆自立門戶，這種時候絕對不會空手
離開，因為會員資料就是收入來源，所以會員資料一定會帶
走。也因此，賭博網站的世界就像電影裡演的一樣，會先收
買對方營運據點的成員，負責監視對方的一舉一動。

　　會員資料對警方來說也很重要。要想掌握各個網站會
員用來下注和兌幣的帳戶，估算即將被起訴的嫌犯賺到多少
不法所得，以及從會員中揪出需要追查的嫌犯，會員資料絕
對是不可或缺的。所以突襲營運據點的時候，最重要的是控
制現場，並且優先找出管理會員資料和會計資料的程式。

廣告代理公司的出現

　　根據投機性賭博監督委員會的統計，從 2017 年 8 月至
2018 年 1 月的 6 個月間，非法賭博網站的數量為 4,565 個。
隨著賭博網站的增加，會員數被瓜分，經營者莫不感到苦

---

* 指在撲克牌遊戲中，具有相同強度的 2 組牌，或是形容沒有太多輸贏就放
　棄賭博遊戲的玩家。

惱。因此，**這些非法「博彩老闆」為了提高網站的會員數，開始尋找符合賭博性質的網路內容提供者，在這個過程中出現的角色，正是廣告代理公司**。這是一種吸引客戶的新興商業模式，由賭博網站和代理公司共同合作。

關於非法內容的合作產製，我之前也曾經接觸過。最具代表性的合作案例，就屬假新聞和虛擬貨幣市場。假新聞和虛擬貨幣市場可謂沆瀣一氣，詐騙犯利用假新聞來快速刺激虛擬貨幣的價值，製造「瞬間暴漲」的假象。

隨著比特幣等虛擬貨幣的熱潮席捲韓國，我有好一陣子連續收到比特幣投資詐騙受害者的報案。當時我對虛擬貨幣投資和詐騙犯的手法一無所知，只能從頭開始學習。為了蒐集相關情報，我打聽到議政府有一個專為天使投資人（Angel Investor）開課的地方，於是我假扮成上班族，臥底接受一個月的教育訓練。

「 區塊鏈先驅 S-Coin 登陸韓國。即將進入國
內首家虛擬貨幣交易所。」

當時，韓國盛傳「國外正在開發的 S-Coin 公司將進入韓國虛擬貨幣交易所，先搶先贏」的消息，這場病毒式行銷

鋪天蓋地而來。通常在決定投資前，至少要先了解該公司和國內哪一家企業簽訂正式合約，確定在哪一家交易所上市才對，但是相關業者卻只是鼓吹消費者盡快購買。

隨著在國內交易所上市的日期不斷接近，各地區自稱「官方 S-Coin 分部長」的人紛紛成立 KakaoTalk 開放聊天室和 Telegram 聊天室，開始生產假新聞，說 S-Coin 預計分配給韓國的數量有限，要買要快。

為了監視行動，我第一次加入這類聊天室，當時成員共有 500 人左右，但是隨著上市日期逐漸接近，成員一下子增加到 700 人。他們一開始是用廣告傳單做宣傳，後來又製造網路假新聞，說 S-Coin 就要在韓國上市了。如此一來，S-Coin 在國內交易所上市似乎已是既定事實。然而上市當天，韓國交易所並未出現任何變化。原來 S-Coin 並沒有要在韓國上市，而是在海外交易所奇襲上市了。隨後，KakaoTalk 和 Telegram 的聊天室一個接一個消失。

這個案例自始至終都是假新聞，有心人士利用假新聞來哄抬（pumping）＊價格，藉此賺取價差。生產未經求證

＊ 指短時間提高虛擬貨幣價格的現象。

的假新聞勢力、在背後支持這些勢力的網路新聞記者，以及散播這些假新聞的社群媒體和大眾媒體，都是提高會員人數的絕佳釣魚手段。再加上，廣告代理公司還提供猥褻物和成人內容廣告，也對賭博網站增加會員數有一定幫助。

突襲賭博網站的共生夥伴

一名檢舉人向我提供了某家公司透過廣告代理商撈錢的訊息：

#A 片 #百家樂 #WooriCasino #爬梯子 #體育博彩
#即時 A 片 #免費 A 片 #國產 A 片

我根據這些訊息調查，發現該公司在推特貼文上添加有猥褻成分的標籤，誘導使用者點選貼文內的網站。而網站上除了猥褻物，也有成人網路漫畫、援助交際、性交易、娛樂場所的訊息，和賭博網站一起宣傳。

在逮捕中介代理商的時候，不僅要暗中突襲現場，還要一邊確保資料的安全，所以必須表現得非常自然。如果強行開門闖入，賭博網站經營者或非法錄影散布者可能會在被捕前一刻破壞硬碟，絕對不能給他們反應的時間。

　　這次逮捕，我們決定與公寓管理處聯手，讓嫌犯自己開門。先由管理處切斷電源，等嫌犯打來電話後，埋伏在門外的拘提組先稍待片刻，再偽裝成管理處的員工進入屋內。正如原先預料的，在管理處拉下電閘後，嫌犯立刻打電話過來。5 分鐘後，拘提組按鈴，在大門打開的瞬間衝入屋內，將嫌犯全數上銬，並立即展開扣押調查。寢室內雖然有保管個人用品的保險箱，不過裡面是空的，客廳裡則堆滿了裝有高級運動鞋的鞋盒，看起來足足有上百雙。

　　嫌犯被捕後承認了所有犯罪事實。他每個月支付公寓購屋金 350 萬韓元和服務管理費 150 萬韓元，在接手猥褻物網站後，又將這個網站改成向賭博網站業者收費宣傳的廣告代理模式。不只是賭博網站，也一併宣傳成人用品、賭場、線上百家樂網站，每個月光是廣告費就固定進帳 400 萬到 500 萬韓元。此外，他還從專門的供應商那裡拿到 2 個有限公司的帳戶和 3 個個人名義的人頭帳戶，用來洗賭博網站的錢，趁機多賺一筆外快。

　　他只使用通訊軟體 Skype 和 Telegram，跟兜售賭博網站的上線及人頭帳戶供應商通話，堅持採用線上談生意的方式，如此一來，就算其中一人被抓，也沒辦法供出彼此的消息。在分析嫌犯被扣押的電腦時，我發現了一份名為「企劃

書」的檔案，這是一份展現嫌犯野心的事業企劃書：

> 「 除了目前經營的廣告網站，還要再架一個
> 娛樂網站，用來賺廣告費。一定要盡快站穩腳跟，
> 成為業界最頂尖的公司。」

　　未來的夢想竟然是成為「線上淫窟老闆」，真令人難過。嫌犯被扣押的電腦裡儲存了各式各樣的資料夾，內容鉅細靡遺，幾乎是記帳本的程度。其中包括廣告網站被檢舉為非法網站而遭到停用時，需要立即變更的網域名稱目錄、管理員的帳號和密碼等資料夾。還有最重要的，那就是已經簽訂宣傳契約的賭博網站、猥褻物網站的網址，以及記錄廣告費定期結算時間和方式的 VIP 資料夾，這些保存完善的資料，能幫助我們一窺賭博的世界。

　　嫌犯厚顏無恥地表示，自己只做賭博網站經營者的生意，所以並不是什麼滔天大罪。但正是因為廣告代理公司和賭博網站合作，接觸這些非法內容的年齡層才會下降至青少年，而嫌犯自始至終毫無悔意。

在博彩玩家＊、博彩老闆、廣告代理公司組成的賭博網站食物鏈中，最終受害的只有那些在辦公室、公司、家中、軍隊、校園裡下注，一步步走向賭博成癮的一般人而已。

＊ 博彩玩家（토쟁이）是博彩（토토）和玩家（쟁이）組合成的新詞，指的是非法運動賭博成癮者。

偵辦
筆記

青少年的賭博成癮問題

　　隨著賭博網站的氾濫，同業之間招募會員的競爭也漸趨白熱化。其中一個途徑便是透過與廣告代理公司合作，迅速建立一個像網飛一樣的 OTT 平台，如此一來，就會導致接觸刺激性內容的年齡層逐漸下降，連青少年也深陷賭博成癮。

　　非法賭博網站的取締並沒有特定的期間，而是一年 365 天隨時取締，警局甚至還組成賭博專責小組，負責逮捕網站經營者，然而僅憑警方的取締，仍無法有效降低每年不斷上升的賭博網站開站數。

　　不過值得慶幸的是，設置於全國 14 個地區的韓國賭博問題管理中心，目前正積極推動治療與康復計畫。2018 年全年度至中心接受諮詢的人數，就有大約 3 萬 6,000 人。

（單位：人）

	2018 年度諮詢服務使用人數				
	年度諮詢服務使用人數總計 （單次訪談＋註冊諮詢）				
	電話	來院	網路	家訪	小計
本人	2,696	18,890	44	318	21,948
家人／朋友	4,538	9,751	20	57	14,366
其他	88	36	-	8	132
小計	7,322	28,677	64	383	36,446

圖表 2-4　賭博問題管理中心使用現況

　　從圖表 2-4 來看，可以發現家人和朋友透過電話進行諮詢的使用人數，高於本人的諮詢人數，可見賭博問題也造成了家庭成員極大的痛苦。其實我在警局工作期間，經常看見當事人因為賭博問題產生大量的債務，連帶使家人也陷入償還債務的折磨中。再加上近來賭博網站經營者積極加入平台合作，使得受害者年齡層逐漸下降。

　　我從 2013 年開始從事網路犯罪調查工作，深切感受到近來這幾年，受害者的範圍越來越廣，例如小學生遭到視訊偷拍詐騙、賭博網站經營者購買青少年的手機號碼和 KakaoTalk 帳號等。令人惋惜的是，由於父母缺乏資訊能力，使得受害者的年齡層逐漸下降。

　　為了減少一般民眾受害的範圍，只要有網路犯罪預防教育的機會，我一定義不容辭前往。尤其是 2019 年軍隊解除手機禁令後，我在一年內走遍了京畿道北部圈第一軍團、第七軍團下轄的三十多個部隊，向 8,590 位國軍官兵進行網路犯罪教育（包含網路賭博問題）。其實在正式解除官兵手機禁令之前，我就已經收到不少職業軍人受害的案件，也長期在軍隊進行預防教育。

　　攤開 2019 年 12 月治安政策研究所主編的《網路犯罪預防活動效果預測及改善方案報告》，就清楚說明了網路犯罪預防教育活動的必要性。

（單位：人）

機構	地點	男性	女性	共計
CH 中學	春川	19（54.3%）	16（45.7%）	35（100%）
B 國小	大田	47（52.2%）	43（47.8%）	90（100%）
S 中學	仁川	636（51.6%）	525（48.4%）	1161（100%）
K 研究所	忠清北道	15（75.0%）	5（25.0%）	20（100%）
P 部隊	京畿道	64（100%）	-（0.0%）	64（100%）
合計		781（57.1%）	589（42.9%）	1370（100%）

資料來源：治安政策研究所編，
《 網路犯罪預防活動效果預測及改善方案報告 》，2019.12

**圖表 2-5　網路犯罪預防教育問卷調查應答人數統計
（各機構男女分布情形）**

在圖表 2-5 中，我們應該注意在所有問卷調查應答者中，占據最大比例的年齡層是國小生和中學生，可見這個階段是實施網路犯罪預防教育最重要的時期。如果在這個階段，沒有接受過網路非法賭博危害等網路犯罪預防教育，那麼遭受網路犯罪傷害的機率就會提高。

（未回答：69人）

減少效果預測	應答者（人）	比例（%）
有效	749	68.6
普通	319	29.2
無效	24	2.2
合計	1092	100.0

圖表 2-6　網路犯罪預防教育事後滿意度
（網路犯罪減少效果預測）

　　此外，在網路犯罪預防教育的事後滿意度調查中，68.6%的應答者表示有效（見圖表 2-6）。單看這樣的滿意度調查，就知道預防教育絕對不能停止。**網路犯罪預防教育才是最徹底的解決方案，比任何處置方法都還要好。**

賭博網站的春秋戰國時代

平均 28 歲的博彩老闆

有「安全驗證」的詐騙網站

由於收到會員下注金後便人間蒸發的詐騙網站不斷增加，網路賭博業界也開始引進詐騙驗證網站，為用戶推薦官方認可的網站。即便如此，**這也只是增加會員人數的商業手段而已，賭博網站終究是非法行為。**

「詐騙驗證網站，帶給你安全有保障的娛樂空間！」

由於賭博網站供過於求，賭博網站經營者紛紛採取差異化的策略，打著「安全驗證」的名號來吸引更多會員。隨著賭博網站的增加，「一日為客，終身為客」的觀念被打破，

越來越多會員脫離原本的網站，逼得業者只能採取這種宣傳策略。

　　大多數賭博網站都與廣告代理公司合作，在猥藝物網站或援助交際網站上打廣告。在我們雷達掌握到的一個賭博網站上，當時還持續更新貼文，總計 516 個頁面，4,531 則照片和影片中，不乏有「偷拍系列」、「前女友偷拍系列」等非法影片，還有以「西洋蘿莉」為標題的兒童及少年性剝削物貼文。不過對經營者而言，這些非法錄影和性剝削物不過是吸引會員的廣告而已。

　　在基本調查即將進入尾聲之際，為了正式掌握經營的據點，我走訪水原市靈通區一帶的住商大樓和附近的房地產辦公室。這些經營者有固定的行動模式，他們通常和房地產公司簽 3 個月的租屋契約，在契約到期的前幾週，就會連夜悄無聲息地搬走行李，付清最後的租金。他們不看住商大樓的坪數和保證金，只簽短期月租，如果收到警察正在追查的消息，就立刻遷往下一個場地，不管合約期限是否已經到期，這樣看來，最少需要 7 人至 10 人左右集體行動才行。

　　調查進入第三個月，我大抵掌握了賭博網站營運據點。調查賭博網站的關鍵，在於逮捕嫌犯的同時，要保住電腦內儲存的會員資料和用來洗錢的人頭帳戶。這次經營者也躲在

多戶住宅聚集的住商大樓內，由於要拘提的人數過多，組員們花了不少時間在分析帳戶。

　　當賭博網站會員把錢存進下注的帳戶「前帳戶」*，這筆錢就會轉到「中間帳戶」，兌換成儲值金或點數。等中間帳戶達到一定的金額（3,000 萬至 4,000 萬韓元），就會多次轉入不同的「洗錢帳戶」，最後集中到「後帳戶」變現。

　　在分析帳戶交易明細的時候，我們特別關注資金頻繁匯入和匯出的帳戶，這種帳戶稱為「據點帳戶」。將據點帳戶中網狀發散出去的帳戶交易明細及其他通話明細進行同步分析，就能找到關鍵線索。當時嫌犯手上擁有 3 個賭博網站，我們另外還發現許多網站，每週會按照排名，推薦經過驗證的娛樂網站。此外，還有十多個人頭帳戶，用來充當下注帳戶、中間帳戶、洗錢帳戶、後帳戶。在完成基本調查的 3 個月內，我們就掌握了需要逮捕的嫌犯和他們所在的據點。

---

* 會員存入下注金的最初帳戶，稱為「前帳戶」；將會員存入的錢兌換為儲值金的帳戶，稱為「中間帳戶」；為了擺脫警察的追查，從中間帳戶多次移轉的帳戶，稱為「洗錢帳戶」；經過洗錢帳戶進入取款用的帳戶，稱為「後帳戶」。

逮捕平均 28 歲的博彩老闆

掌握嫌犯的個人資料後，便會同時追蹤嫌犯的位置，所以可以透過逮捕前觀察到的移動動線來掌握嫌犯的生活模式。我們決定在日落後實施逮捕計畫。這是因為逮捕當天，嫌犯也過著相同的生活模式，傍晚是最佳逮捕時機。

由於預計逮捕人數較多，我邀請專業的數位鑑識分析人員同行，以便和網路搜查隊的所有成員在現場篩選並扣押重要的數位證據。

我們的目的地是水源市靈通區。這個連接 3 棟大型住商大樓的住商複合式建築有許多戶數，結構猶如迷宮，如果找不到正確的門牌號碼，勢必會延誤不少時間。這群嫌犯平時活動的地點是 5 樓。逮捕小組十多名成員埋伏在 5 樓和 6 樓的樓梯間，準備等嫌犯開門時立刻衝進去。我則是到管理室緊盯監視器，等嫌犯抵達後，再假裝成居民自然地行動。

嫌犯的移動位置出現在住商大樓，群組裡傳來嫌犯已經抵達的訊息。儘管已經多次看過這群嫌犯的照片，將每一位嫌犯的臉輸入腦海裡，我還是再確認過一次照片。我從監視器看到嫌犯們從地下停車場走出來，立刻離開管理室，像居民一樣等待電梯。這群嫌犯已經喝醉，或許是剛才參加了

聚餐。電梯門打開後，我和嫌犯一起進了電梯，我知道他們會按 5 樓，所以我按了 6 樓。

嫌犯步出 5 樓電梯後，我趕緊從 6 樓跑下去，這是爲了在他們開門的時候一起進去屋內。就在嫌犯開門的瞬間，埋伏在樓梯間的逮捕組立刻壓制他們，我也一起進到了屋內。最後，6 名嫌犯終於遭到逮捕，被警繩整整齊齊綁在一起。

我們扣押了嫌犯的智慧型手機，放在客廳的餐桌上，貼上寫有名字的便利貼。支援現場的數位鑑識分析人員立刻取得管理者的帳號，也掌握了會員資料和收入結算等各種數據。嫌犯抖出爲客戶儲值和兌換下注金的負責人，目前在 6 樓的另一個營運據點。於是，逮捕組讓被警繩綁住的總負責人走在前頭，一行人爬上了 6 樓。上樓不過十多分鐘，就緊急逮捕了兌換下注金的財務負責人。

聽說緊急逮捕的財務負責人，之前當職業軍人的時候，曾經因爲賭博遭到懲戒。受過賭博和酒駕懲戒的人，是不可能升遷的。財務負責人供稱他因此選擇退伍，在酒店當服務生時認識了嫌犯，嫌犯開出了提供食宿、每個月保證給 200 萬韓元的條件，他就被吸引來工作了。兌換下注金的工作從平日下午 2 點到翌日凌晨 2 點，工作主要內容是在會員下注後，根據存入的金額轉爲點數，並且從即時播報體育賽事結

果的網站上將結果複製過來，輸入到自動分紅的程式內，按照結果來分發紅利。

最後，詐騙驗證網站的經營者全數被捕。在逮捕現場扣押的物品，有 10 台桌電、30 支手機和 20 個人頭帳戶與金融卡、一次性密碼（OTP）機。這群被逮捕的嫌犯平均年齡為 28 歲。

洗白成企業的非法賭博網站

他們在一年內搬了 4 次住商大樓，經營 3 個賭博網站。經過調查，發現一天平均有上百位會員進入賭博網站，多則 140 人，少則 84 人，這些會員平均下注的金額高達兩千多萬韓元。網站經營期間，每個網站各賺進 6 億 3,000 萬、2 億 9,000 萬、2 億 4,000 萬韓元的收益。在這 3 個賭博網站中，又以上傳兒童及少年性剝削物和非法錄影的網站收益最高。這次扣押的所有證據資料，都證明了相關犯罪事實，於是我們聲請羈押令，將所有嫌犯羈押。

最近，在青少年常用的社群媒體上大肆流傳著一則廣告，說願意用每則 3,000 到 5,000 韓元的價格購買加入 LiveScore 會員時的認證碼。青少年很容易被這樣的廣告吸引，以為只要把自己手機上收到的認證碼發給對方，就能收

到 3,000 到 5,000 韓元的報酬。他們沒想過這會被賭博網站用來當作宣傳的工具，**這些賭博網站業者大量購買青少年的手機號碼和社群媒體帳號，再拿來宣傳賭博網站**，在我看來，世界上最惡劣的人就是這些賭博網站業者。

　　有人會問，抓到最高管理者，問題不就能解決了嗎？其實並非如此。我在調查賭博網站總負責人的時候，經常會聽到關於「全國負責人」（負責管理各地區經銷的人）的傳聞，但因為是化名，還無法掌握其真面目。再說，非法賭博網站的經營者都是分據點經營，通常都會稱自己是「地區經銷」。總而言之，賭博網站市場食物鏈頂端的掠食者其實是不存在的。

賭博成癮問題自我檢測

　　韓國有一個專門為賭博重度成癮者設立的機構，那就是「韓國賭博問題管理中心」。韓國賭博問題管理中心依循〈賭博產業綜合監督委員會法〉，負責諮詢、教育、宣傳及開發相關企劃等業務，以促進賭博的預防與治療。

　　2015 年，京畿道高陽市開設了京畿北部中心，到2021 年為止，已在全國設立 15 個中心，包含在首爾、京畿北部、京畿南部、仁川、江原、大田忠南、大邱、慶北、慶南、光州全南、釜山蔚山、世宗忠北、濟州、全北、旌善等地開設賭博問題治療中心。該中心是由賭博業者繳納的成癮預防治療負擔金所營運的公家機構，所以成癮者不必負擔任何治療費用，唯一需要的是接受診療，以及堅持到底的「決心」。賭博成癮對家人也會帶來極大痛苦，如果沒有及早介入，就會像前述案件的嫌犯一樣，不僅是賭博成癮的受害者，同時也是二次加害者。

　　以下是韓國賭博問題管理中心提供的成人賭博問題自我檢測表（CPGI）＊。如果懷疑自己有賭博成癮的症狀，建議你填寫看看這份檢測表。

以去年一年為準，按照程度回答：沒有（0分）、偶爾（1分）、有時候（2分）、幾乎總是（3分）

1. 你曾經在賭博上投入太多錢，超出了個人可承擔的金額嗎？

2. 你是否曾在賭博時，為了獲得之前的快感，而繼續投入更多錢？

3. 你曾經為了賺回輸掉的錢繼續賭博嗎？

4. 你曾經為了賭博而去借錢或做其他事賺錢嗎？

5. 你曾經因為賭博而出現某些健康問題，例如壓力過大或焦慮嗎？

6. 不管是否屬實，你曾經被別人指責過賭博行為或是說你有賭博問題嗎？

7. 你曾經因為賭博行為導致本人或家庭出現財務問題嗎？

8. 你曾經對自己賭博的方式或因為賭博而發生的事情感到愧疚嗎？

---

* Canadian Problem Gambling Index，加拿大問題賭博指數。資料來源：韓國賭博問題管理中心 https://netline.kcgp.or.kr/selfHelp/selfDiagnosis/selfTableUserDiagnosis.do?menuId=106049

第2章
小結

非法賭博網站的急速成長

　　美國經濟雜誌《財星》（*Fortune*）根據每年營業額選
出美國前 500 大企業和全球前 500 大企業，發表「財星 500
強」（Fortune 500）。除此之外，也選定 50 家有望主導未
來市場的知名企業，發表「財星未來 50 強」（The future
50），韓國企業 Naver 曾於 2018 年入選。新創公司成長為
獨角獸企業的成功神話，已經不再是美國矽谷的專利了，但
是新創公司想要持續成長和永續生存，就必須有優良的商業
模式和追求差異化的行銷策略，努力開拓新的市場才行。

　　網路賭博市場也跟上這股熱潮，以驚人的速度成長當
中。例如在菲律賓取得遊戲許可證的 East Industries Group
公司，旗下有賭博網站 BETEAST，BETEAST 還是目前打
入英格蘭足球冠軍聯賽（EFL Championship）的斯旺西城
足球俱樂部（Swansea City AFC）的正式贊助商。一個賭博
網站竟然能賺到足以贊助職業足球隊的鉅款，真令人驚訝。
如果這個企業被歸類為 IT 新創公司，那麼進入「財星 500
強」或「財星未來 50 強」，似乎指日可待了。當然，網路

賭博市場也是建立在 IT 技術上的一套體系，但是我在逮捕私人運動賭博網站的經營者時，發現他們毫無創新的概念，只有唯一追求收益的商業模式，而且所有行為都是違法的。

在韓國，非法賭博網站又被稱為「私人運動博彩」。1990 年代初期，足球宗主國英國發行了合法的運動博彩下注商品，而這項商品引進義大利後，被塑造成名為「Totocalcio」的彩券品牌，博彩（ToTo）一詞便是由此而來。2001 年，韓國國民體育振興公團正式引進「運動博彩」（Sports ToTo），打造為體育振興投票權的品牌。賭博不一定都是非法的，例如賽馬、彩券、賭場、賽車、賽艇、體育振興投票權（即運動博彩）、清道郡鬥牛等，這些都是國家允許的合法賭博行為。**要想開設合法的線上運動、賭博網站，必須獲得掌管運動與賭博行為的主管機關同意**，同時取得國民體育振興公團的委託才行。

儘管如此，非法賭博網站市場並未萎縮，甚至逐漸走向企業化，這當然是為了賺更多的錢。他們透過縝密的分工，創造出超越新創公司的收益。例如：宣傳組負責開發差異化的遊戲來招攬會員，人頭帳戶與人頭手機收購組專門負責賭博網站資金的循環流動，最後還有管理這些成員的中階主管和總負責人。

正如前述，賭博網站業者正和提供猥藝物、成人網路漫畫、非法錄影、性剝削物的廣告代理公司聯手，更是一大問題，再加上現在非法賭博網站還將觸手伸向了 OTT 產業。如果這些人成功洗白，建立起龐大的組織，那麼未來的青少年可能會誤以為「博彩老闆」是非常了不起的職業，甚至把這個職業當作自己的夢想。

「你若要脫離這荒漫之地，就必須另闢出路。因為沒有人可以活著擺脫這貪得無厭的母狼糾纏。唯有等待那不貪不求、智勇雙全的獵犬，方能將牠趕回萬劫的地獄。」

—— 但丁（Dante Alighieri），

《神曲‧地獄篇》（ *Divina Commedia: Inferno* ）

第 3 章

駭客
不斷進化的網路犯罪

「這件事韓國人處理不來的。」

這是賴比瑞亞、喀麥隆國籍的嫌犯最後對我說的話，他們以韓國為據點，轉接至少 3 個國家後進行駭客攻擊。經過 1 年 8 個月的調查，我終於掌握了潛藏韓國國內的駭客組織真實身分。駭客組織向國外企業詐財後匯往韓國，完成整套犯罪流程。此外，他們還擁有完美的犯罪工具——外語能力，不僅精通英語、法語和當地語言，甚至還會韓語。這種駭客組織正在將平均不到 1.5％ 的犯罪推向全世界。

如今這個時代，透過電子郵件就能在全球市場上進行貿易。駭客組織正虎視眈眈地盯著個人和企業的電子信箱，因為一旦駭入電子信箱，就能打開資安後門，盡情瀏覽和盜取個人及企業的所有資料。透過這個手段竊取來的資料，成為勒索企業和貿易公司資金的致命武器。甚至，企業可能無法收回資金而造成經營困難，最終走向破產。

第 3 章所要談的內容，正是這種宏觀面的國際駭客犯罪，以及深入我們生活之中的駭客犯罪。

案件9 # 生活中也有駭客犯罪

趁人不備偷走並駭入手機

水餃店的手機支付詐騙犯

某家水餃店老闆向我報案，說自己遭到手機小額支付詐騙，嫌犯是一名黃色短髮、身材矮小的女性。這名嫌犯趁剛開門營業的時間到店裡訂購水餃，老闆說目前正在備料，可能會花一點時間。對方說沒關係，便預訂了 2 盒水餃。但是嫌犯說不知道要預訂哪一種口味，要打給母親確認，又說自己忘了帶手機，指了指櫃檯上的手機，詢問是否可以使用。老闆心想一大早的，這個面容和善的女子應該不會用手機做什麼，便解開手機密碼交給女子。接著，老闆就走進廚房，開始精心準備自己要和家人一起吃的水餃。

女子拿走訂購的水餃後，老闆才發現手機不見了。他翻遍了整間店，才在男女共用廁所的馬桶水箱蓋子上找到手

機。未經許可開走他人的汽車，不久後立刻歸還，可以處以使用竊盜罪*，但是手機並不適用使用竊盜罪。換言之，光靠這件事無法成立罪名。

老闆心想，客人在拿走水餃之前打了電話，應該會留下撥打紀錄，於是找出通話紀錄來看，卻發現手機變得有點奇怪。照理來說，打開手機時應該先跳出圖形密碼或數字密碼，沒想到資料全部被清除，手機還原為原廠設定。他向電信公司確認後，才知道有小額支付的紀錄。

這還不是最後一起案件。從這天起，每天都有自己開店的老闆向我報案。從全谷派出所前面 20 公尺的洗衣店老闆，到客運站前的小炸雞店老闆都有，全谷市區人人自危，**受害者全是不擅長使用智慧型手機、年紀偏大的長輩。**

炸雞店老闆說他在炸雞肉的時候，嫌犯想借用一下手機，他沒有多想便借給嫌犯。洗衣店老闆說嫌犯拿走衣服後，他才發現自己的手機不見，最後在店外面的其他地方找到。看來嫌犯在炸雞店時，應該是趁著借手機的時機完成小額支付；而在洗衣店則是偷偷拿走老闆的手機，到了外面再

---

* 以短暫使用為目的，將他人財物占為己有的行為。

完成小額支付。**嫌犯巧妙地利用了當下的環境，例如炸雞店裡位置不多，很多顧客外帶，所以偷拿手機很容易被發現；洗衣店空間相對較大，把要洗的衣物交給老闆後，可以趁老闆不注意時拿走手機**。不過，因為炸雞店老闆的手機已經解鎖，手機本身的軟體沒有遭受破壞，但是洗衣店情況不同，嫌犯拿走的是鎖住的手機，因此被還原為原廠設定。我立刻調閱附近的監視器來看。

眼明手更快

監視器拍下了嫌犯令人髮指的罪行。從洗衣店拿出來的智慧型手機被還原成原廠設定，圖形密碼和數字密碼也一併遭到破壞。回到原廠設定後，打開手機螢幕，畫面會跳出最初購買時的「很高興見到你」。從這時起，嫌犯便開始了熟練的犯案流程。首先，她用事先準備好的 Google 帳號登入，讓手機進入可以使用的狀態。接下來是重點，因為智慧型手機上插著 SIM 卡，所以即使手機回到原廠設定，也會自動安裝各家電信合作的幾個基本應用程式。嫌犯利用自動安裝的 APP，開始購買文化商品券。在監視器錄影中，嫌犯購買文化商品券後，立刻將文化商品券號碼謄寫在手冊上。

整套流程短則 10 分鐘，長則 30 分鐘就能完成。我對

這套從未看過的手法感到驚訝,不過更令我好奇的是,影片中的女子為何淪落至此?只能抓來問了。

　　這次光是蒐集後續報案的資料,就花了一個月的時間。為了取得逮捕令,必須先從小額支付的交易明細來反推,但是這些基本書面作業需要幾天的時間,掌握嫌犯個人資料只能等到下一步了。幸運的是,當時我正好接到鄉下警民系統的檢舉,說監視器錄影中的女子是住在全谷國小後面的景子(化名),有檢舉人說經常在澡堂見到她,也有人說知道她家在哪裡。既然已經掌握個人資料,只要聲請逮捕令即可,但是我很想了解她為什麼要這麼做,於是我去了一趟嫌犯的家,不過並沒有見到她。嫌犯母親說景子已經離家許久,詐騙手法應該是跟在手機賣場共事的男朋友學來的。

　　我回到辦公室準備聲請逮捕令,不料出了問題,原來東豆川警察局網路組和議政府警察局網路組正在走相同的調查程序。議政府警察局網路組最早開始調查案件,東豆川警察局從漣川接手後,受害者才剛出現。議政府已經取得逮捕令,這麼一來,誰先拘提嫌犯,誰就能負責案件的調查。不過相較於漣川,議政府的受害者更多,而且議政府警察局已經取得逮捕令,所以我決定和議政府的職員合作。

　　嫌犯以議政府為起點,南下到漣川犯案,又轉往東豆川

造成受害者的損失，我認為下一個地點可能是楊州。如果嫌犯是刻意為之，那麼應該會逃到離議政府最遠的地方才對，**但是她還繼續待在附近，會不會是已經預料到自己最終難逃被捕呢？我認為與其繼續你追我跑，還不如說服對方到案來得好。**畢竟嫌犯也知道自己正被調查了，如果打電話要求她到案，應該會乖乖答應吧。幾天後，嫌犯果真依約到案接受調查。

嫌犯供稱，這套手法是向在手機經銷特約門市擔任店員的男朋友學的。雖然嫌犯這麼說，我還是想親眼確認，所以把公務機遞給她，請她表演一次。嫌犯拿到手機後，宛如電影的老千一樣，雙手快速完成一系列的動作，成功將文化商品券的號碼抄在回收紙上。據說，拿這樣騙來的文化商品券號碼到便利商店儲值交通卡，就能以現金退款。嫌犯坦承自己會拿這些錢去吃飯和洗三溫暖。

儘管嫌犯坦承犯行，也重現了詐騙手法，卻絲毫沒有反省的意思。嫌犯雖然被拘提，但是究竟會改變多少，還不得而知，至少當下嫌犯和受害者還沒有和解，除了拘提，別無他法。調查結束，我在送走嫌犯前，特別叮嚀她繼續待在家裡，因為還需要完成調查和還原現場。隔天，議政府警察局網路組便通知我已經逮捕嫌犯。我前往當地辦公室交接資

料，看見嫌犯被上了手銬，低著頭不發一語。那是我看到嫌
犯的最後一面。

偵辦
筆記

愛麗絲、鮑伯、伊芙的真面目

　　愛麗絲（Alice）和鮑伯（Bob）信任著彼此，而騙子伊芙（Eve）則將兩人的關係推向毀滅。伊芙製造了一段肥皂劇中常見的三角關係，傷害了愛麗絲和鮑伯，隨後一走了之。

　　這不是連續劇主角的故事。愛麗絲和鮑伯是電腦資訊保護理論中常見於密碼學的虛擬人物，在「A 使用者傳訊息給 B 使用者」的關係中分別代指 A 與 B。

　　在這個關係中，愛麗絲和鮑伯並非契約中甲乙雙方的從屬關係或上下階級，而只有行為的功能。愛麗絲（A 使用者）指的是發送物品的人，乃至於電子郵件的寄件人；鮑伯（B 使用者）是指接收物品的人或收件人；伊芙則是從表示「竊聽者」的 Eavesdropper 而來。

圖表 3-1　在愛麗絲與鮑伯中間發動攻擊的伊芙

　　換言之，世界上存在無數個愛麗絲和鮑伯，例如契約中的當事人、買家和賣家等。伊芙則是在愛麗絲和鮑伯的關係中伺機而動，闖入基於信任關係往來的雙方之間，進行攔截交易的「中間人攻擊」。後面的案件 10 和案件 11 正是這樣的例子。

案件 10 **電子郵件商業詐騙**

首度跨國聯手偵辦案件

英國犯罪調查局的跨國偵辦邀請

寄 件 人：警察廳網路安全局

標　　題：跨國聯手偵辦邀請相關調查指示

相關根據：英國犯罪調查局向京畿北部地方警察
　　　　　廳網路搜查隊發出「電子郵件商業詐
　　　　　騙」聯手偵辦邀請，請做好拘提嫌犯
　　　　　的萬全準備。

案件概要：嫌犯自稱是英國 T 公司的韓國客戶 U
　　　　　公司，發送電子郵件要求對方匯款 3 萬
　　　　　美元，企圖騙取財物。

2017 年某天，我接到上級下達加強調查的公文。根據

案件概要，嫌犯冒充爲英國 T 公司的韓國客戶 U 公司，「企圖騙取」對方的匯款，由此看來，最後應該是沒有成功。雖然僅憑簡單的案件概要，就能推測出各種可能的情況，不過具體的案件內容還不得而知。

目前唯一的線索，就是從英國匯款至韓國的匯款人和收款人的資訊。再加上犯罪時間已經超過 3 個月，即使確實有騙取到錢，也已經過了凍結帳戶的黃金時間了。雖然案件非常棘手，但是當時我剛走馬上任，前往地方廳服務，有個證明自己實力的機會，心裡不禁燃起一股挑戰的衝勁。

先從人開始找起

在啟動調查前，必須先取得受害者的陳述。英國犯罪調查局（National Crime Agency, NCA）請求韓國警察廳進行調查，因此韓國接手了英國的案件，當初向 NCA 報案的公司負責人就是受害者，也是最初的報案人。我寄信給英國公司的負責人，請對方告知聯繫的方式。也許是因爲情況緊急，對方立刻回覆個人電話，說希望馬上通話。考量到倫敦的時間，我在韓國下午 5 點左右撥打了電話。我說著濃濃慶尚道口音的英文，告訴對方我需要事件發生經過的詳細資料。

　　英國 T 公司是製造船舶入港靠岸所需設備的設備製造商。爲了擴展業務到韓國，幾年前開始和位於慶尙南道金海的 U 公司保持合作關係。U 公司是船舶靠岸設備專業製造商，業務規模相當龐大。隨著數億韓元資金的挹注，每一個合作案都牽涉到鉅額工程款的國外匯款。在這次事件發生之前，雙方已經合作過幾次的案子，所以根本沒有料到會發生這樣的事情。

　　整個案件的過程是這樣的：英國 T 公司和韓國 U 公司簽訂了製造靠岸設備的合作案，並在韓國完成了所有設備的製造。工程結束後，韓國方要求英國方支付工程款項，雙方公司的負責人在整個過程中都是用電子郵件進行往來。英國方按照韓國方提供的帳戶支付工程款，然而，之後韓國方卻打來電話，說已經過了約定付款日期，至今尚未收到匯款。直到這一刻，英國方才驚覺出了問題，錢已經匯過去了，卻沒有人收到？當務之急是找出當初要求付款的人寄出的郵件。

　　　敬請核准文件。
　　　本公司（韓國 U 公司）由於目前正接受公司會計監察，向供應商支付款項的現金遭凍結，希望

將 2016 年 11 月 16 日收受貴公司（英國 T 公司）
款項的帳戶，變更為另一韓國替代帳戶。因此，貴
公司欲支付款項時，必須匯款至韓國的替代帳戶，
本公司方可領取，並處理與目前供應商之間的問
題。敬請遵照我方要求辦理。

　　會計監察是否真的能凍結帳戶，這點不得而知，不過
英國方確實收到了這樣的信件，說被凍結的帳戶不能匯款
了，要求將工程款匯入另一個替代的韓國帳戶。現在，這起
案件唯一的問題，只剩下找出這個替代收款帳戶的登記名義
人了。

賴比瑞亞籍的帳戶名義人

　　工程款匯入的帳戶，是以一名非洲賴比瑞亞籍外國人
名義開設的農協帳戶。大筆款項匯入個人帳戶，而非公司帳
戶，確實相當可疑。如果打電話給帳戶名義人，要求對方到
案接受調查，所有證據和資料肯定會被銷毀，所以得先拿到
逮捕令。要想取得帳戶開戶人的個人資料，必須先聲請金融
帳戶令狀，於是我約談了銀行相關人士。當時，連我也不清
楚整個犯罪事實的來龍去脈，只知道收受英國匯款金額的帳

戶名義人與此次犯罪脫不了關係，必須透過銀行相關人士的陳述來尋找線索。

外匯業務負責人表示，帳戶名義人曾經來銀行櫃檯領錢。由於案件發生 2 個月後才開始調查，我接下案件後，也整整花了一個月查清案件真相，調查進度遲遲沒有進展，幸好錢還在銀行裡，因為帳戶名義人沒能備妥有關工程款的文件。

完成對最初報案的英國公司負責人的調查，我利用國內銀行員工提供的協助和資料，成功鎖定嫌犯的個人資料，接下來就是聲請逮捕令了。想要取得逮捕令，必須述明犯罪事實，但我總覺得還少了些什麼。雖然單靠這段時間掌握的資料，就足以證明犯罪事實，但是對於犯罪究竟怎麼發生的，似乎說明還不夠充分。如果案件負責人在缺少足夠證據的情況下撰寫調查報告，那麼即便案件報告寫得再厚，檢方還是可能一眼找出其中的問題，駁回調查。於是，我約談了韓國 U 公司的負責人和相關人士。

U 公司的業務劃分相當精細，通常規模較大的公司，國外匯款或收款的業務大多由營業部門或會計部門負責；至於業務劃分沒那麼精細的中小企業或規模較小的公司，則大多由公司負責人親自處理。U 公司的國外工程款相關業務，由

公司負責人指派營業組常務負責處理與出納。

公司負責人和常務堅稱自己沒有寄信給英國方要求變更帳戶。兩人都認為自己是受害者，不清楚這次案件誰能從中獲利。我將英國方寄來的關鍵郵件內文印出來，拿給兩人看，附加文件上印有韓國公司的印章。兩人表示，印章雖然是公司的沒錯，但是整份文件都是偽造的，又將我整理好的資料還給我。

韓國公司正式電子信箱：jchpark@u.mex.co.kr

偽造的電子信箱：jchpark@u_mex_co.kr

仔細觀察英國方收到的電子信箱，確實和韓國公司負責人使用的電子信箱不同。電子信箱的位址以「@」來區隔，為「帳戶名稱@域名」，而嫌犯巧妙地改變了域名。韓國公司正式電子信箱中的「.」被改成了「_」，螢幕上看起來很相似。**這種偽造的電子郵件，企業主每天都會接到數十封以上，如果不仔細看清楚，就會誤以為是正常的郵件。攻擊者等待著企業主回覆偽造郵件的那一刻，一旦回信，攻擊者就成了中間人的角色。**

正如前面案件 9 所說的，這次是典型的「中間人攻擊」

的案件。犯人看準了雙方之間的信任，盡可能讓電子信箱看起來像正確的電子信箱，趁機潛入其中，這樣的手法稱為「中間人攻擊」，而攻擊者則被稱為「伊芙」。但是，在這次的案件中，伊芙一直沒有現身。

布下羅網，引嫌犯現身

找出伊芙固然重要，這起案件還是要先抓到已經掌握的賴比瑞亞籍嫌犯，因為一旦嫌犯攜款潛逃，就很難收回受騙金額。逮捕令、扣押調查查驗令、定位追蹤許可已經核發下來，而且為了讓嫌犯進入全國任何一家銀行時，都能立刻聯繫上案件負責人，我也在金融圈內部網路分享了相關資訊。另外，嫌犯在東窗事發後，可能立刻潛逃回國，所以等到限制出境的措施啟動後，我才正式擬定逮捕計畫。

幾天後，議政府分行的行員聯繫我，說嫌犯來領錢了。這次嫌犯也沒有準備相關文件，直接要求領出匯入戶頭的金額，在分行行長應付嫌犯的同時，行員確認了金融圈內部網路登錄的資料，立刻打電話給我。

因為分行距離辦公室只有 15 分鐘的路程，我和組員立刻出發，但是嫌犯察覺有異，早已溜之大吉。由於走得太著急，他竟然把護照和外國人登錄證影本忘在了銀行櫃檯。即

使不懂韓語，不清楚韓國的金融體系，嫌犯依然察覺到出了問題。

　　嫌犯潛逃回國的可能性很大，我們沒辦法傻傻等到嫌犯出國，於是變更逮捕計畫，改為突襲嫌犯的住所，實施逮捕。假設在追捕嫌犯的過程中，嫌犯試圖從仁川機場出國，也不必擔心，因為他已經被限制出境，正當我煩惱逮捕日期和方法的時候，看見嫌犯的護照，發現他的簽證即將到期。

　　嫌犯目前還沒成功領到錢，之後肯定會再伺機而動，完成這次的犯罪。由於非法滯留者不得進入銀行或公家機構，嫌犯勢必會前往出入境管理事務所延長簽證，於是，我與出入境管理事務所召開緊急會議。我們討論了該用哪一套劇本打電話給嫌犯，才不會顯得不自然。出入境管理事務所說簽證即將到期的時候，會主動打給當事人要求前來辦理，因此我請他們立刻致電給嫌犯。嫌犯說隔天下午 3 點會過來。

　　我提前準備了手銬、警繩和電擊槍，滿心期待明天就能解開這一套紙上推演的犯罪手法。然而，當天晚上 7 點左右，仁川機場警察隊聯絡上我，說嫌犯在企圖出境的時候遭到逮捕了。

　　嫌犯接到出入境管理事務所的電話後，手機關機了幾個小時，無法及時定位追蹤，似乎是某人下了指導棋，要他盡

快逃跑。嫌犯這段期間多次前往銀行取款，卻都鎩羽而歸，又接到出入境管理事務所的電話，要求前來延長簽證，看來讓嫌犯陷入了強烈的不安之中。所以嫌犯說隔天下午 3 點會過來，也只是虛假的承諾而已。我真想盡快抓到嫌犯，查清楚是誰策劃了這起犯罪、共犯是誰，如果提款成功，那麼這筆錢的下一個目的地又會去哪裡。

2 個小時後，我抵達了仁川機場警察隊大樓，這裡總是忙著處理限制出境的嫌犯和入境的通緝犯。我走向角落的嫌犯等待席，準備接手嫌犯。嫌犯在座位上一個人狼吞虎嚥吃著漢堡，身穿牛仔褲和紅色 Nike 籃球鞋、黑色連帽 T 恤的嫌犯，並非我想像中的模樣。再怎麼看，他都不像是電腦駭客之類的人。

我逮捕了嫌犯，扣押他的物品和機票。嫌犯的目的地是菲律賓。從他手上的機票不是飛往賴比瑞亞，而是菲律賓來看，背後應該是有一個組織在操控他。但是嫌犯一副非常冤枉的表情，說無法理解現在是什麼狀況，為什麼自己會被限制出境，又為什麼會被上銬逮捕。

寧可自殺，不願坦承犯行

嫌犯來自賴比瑞亞的首都蒙羅維亞（Monrovia），2015

年入境韓國後，在京畿道的一間物流園區工作。他在偵防車後座不僅否認犯行，甚至堅稱自己不曾去過銀行領錢。這樣的謊話水準太低，所以我也打聽不到英國匯來的錢是什麼錢，又是誰指使他這麼做的。

最後，我拿出監視器的照片給他看，他卻說：「那我還給你們不就好了。」理直氣壯的口氣反倒令我手足無措。嫌犯對於詐騙犯罪沒有任何負罪感，又滿口莫名其妙的謊話，讓我一個頭兩個大。在有如「真相之屋」的偵防車後座，我第一次有被嫌犯牽著鼻子走的感覺。就連協助調查的官方通譯員，也對嫌犯的謊話舉手投降。

為了確認嫌犯使用的電子信箱，我請嫌犯直接登入，其實一方面也想看看嫌犯打字的樣子。令人驚訝的是，嫌犯竟然是用啄木鳥打字法，也就是伸出食指一個鍵一個鍵敲，也許是想不起密碼，試了 3 次才成功登入。

與此同時，我也收到了數位採證組的回信。因為先前扣押了他的智慧型手機，我請數位採證組還原英國方匯款當天的對話紀錄。

銀行發送簡訊（網路發送）：
用戶您好！2016.11.25 國外匯款已經入帳。

嫌犯：將銀行發送簡訊轉寄給另一位外國人 K。

外國人 K：Everything going good？（一切順利？）

嫌犯：I know you mad at me.（我知道你在生我
　　　的氣。）

嫌犯與 K 傳簡訊往來的日期，正是嫌犯去銀行領錢失敗那天。嫌犯似乎已經對這次任務失敗道了歉。

關於 K 這號人物的資訊，應該也和「菲律賓」有關。對於自始至終滿嘴謊言和矢口否認的嫌犯，我問了最後一個問題：「為什麼不回故鄉賴比瑞亞，而是要飛去菲律賓？」

答案讓人跌破眼鏡。嫌犯說接到堂兄弟打球受傷的電話，才準備出國。沒想到嫌犯說出的竟是這樣的謊話，這個拙劣到家的謊言，讓我無力招架。或許他受到了威脅，如果向警方從實招來，可能會遭到報復，於是我決定改採懷柔政策，改為願意提供協助的態度。

「先來個麥當勞的漢堡、可樂，和一包紅萬寶路吧。」

嫌犯經過一番思考，說出來的竟是漢堡和香菸。這無疑是在嘲笑我，以及輕視整個韓國的司法體系。不知道什麼樣的報酬正等著嫌犯，他絲毫不為所動。這似乎是我擔任刑警的生涯中，遇到最強大的敵手。

多虧銀行行員機警，受騙金額才能重新退還給英國方，
但是因為這次事件的影響，韓國 U 公司最終走向破產。工
程款如果沒有立刻匯入，資金斷鏈，其他相關企業也會遭到
波及，所以盡快付款才是上策。由於受騙金額來自英國，需
要相當漫長的時間才能全數歸還，這也導致合作案結束後，
韓國 U 公司在案件調查期間得不到工程款，最終宣告破產。

儘管造成了如此嚴重的損失，嫌犯依然矢口否認所有
犯行，於是我聲請了羈押令。嫌犯出席議政府地方法院 8 號
法庭召開的羈押庭，在法官面前繼續撒謊。也許是因為站在
法官面前，他的謊言中帶有些許恐懼，不過依然是死鴨子嘴
硬。當天傍晚時分，羈押令核發下來。羈押後移交檢方那一
天，被警繩綁住的嫌犯態度似乎有所改變。我問他是否願意
放下一切，準備坦承犯行。

「這件事你們處理不來的，乾脆把我殺了吧。」

他會這麼回答，是因為在這次的犯罪中，有什麼比生
命更重要的信念嗎？還是一旦坦承犯行，會有比死亡更可怕
的事情發生？

在案件 11 要介紹的嫌犯口中，也有人說出同樣的話：
「韓國人處理不來這件事。」看來他們收到了同一個組織的
命令。

在調查過程中找不到方向時，我總是想辦法先找人，那麼問題就算解決一半了。找到嫌犯後，如果沒辦法從嫌犯的口中套出供詞，也可以從他活動過的網路空間中尋找線索。因此，在移交被羈押的嫌犯後，我開始分析手上掌握的數位採證資料，努力找出此次中間人攻擊的共犯。

案件 11 詐騙集團的巢穴

遍布全世界的「電腦黑幫」

來自美國聯邦調查局的案件

距離和英國聯手偵辦案件已經過了一年,警察廳再次緊急指派了跨國合作的案件,只是這次案件與英國無關,而是從美國聯邦調查局(Federal Bureau of Investigation, FBI)接手的案件。

寄 件 人:警察廳網路安全局

標　　題:跨國聯手偵辦邀請相關調查指示(美國,電子郵件商業詐騙)

相關根據:美國 FBI 發來跨國聯手偵辦邀請。嫌犯偽造美國受害者的身分證,向美國銀行要求匯款 40 萬美元至韓國銀行。匯往

　　　　　　韓國銀行的帳戶已在美國 FBI 的要求下
　　　　　申請退款，請迅速著手處理。

　　從郵件標題來看，這次應該也是跟案件 10 類似的案件。
但是，電子郵件商業詐騙案要成立，必須像之前的案件一
樣，有美國企業和做為客戶方的韓國企業才行。另外，在駭
入 2 家企業的電子信箱後，應該會居中騙取錢財，但這次卻
是偽造個人身分證，要求美國銀行向韓國銀行匯款，情況有
些令人匪夷所思。如果美國 FBI 已經介入調查，要求韓國
方退還資金，那麼共犯很可能已經潛逃出境，當務之急是找
出嫌犯。

　　匯入韓國銀行的 40 萬美元，來自於紐約的一家 S 銀行。
奇怪的是，匯款人是個人名義，收款人也是個人名義。從國
外匯入大筆金額時，通常會像香港或新加坡一樣經過中間銀
行（Intermediary Bank）匯入，而這次則是透過美國的中間
銀行最終匯入韓國的「SWIFT」方式。這套系統必須明確記
載收款銀行名、SWIFT 碼、金融機關住址、帳戶號碼、收
款人姓名，才能進行匯款。

　　於是，組員們分批進行調查，包含調查韓國帳戶所屬
銀行外匯業務負責人、監視器的資料等，因為這次案件的收

款人也是賴比瑞亞籍，我負責調查和篩選入境韓國的非洲地區外國人。我們猜測嫌犯會去銀行領錢，果不其然。

由於嫌犯提供的收款人資料符合標準，銀行業者沒有理由拒絕支付。然而，就在支付當天，紐約 S 銀行來文要求緊急凍結帳戶，這才得以拒絕支付。如此一來，嫌犯察覺有異而逃亡海外的可能性就會增加。外匯業務負責人將銀行客服中心與嫌犯的通話錄音檔案交給我，請我確認內容。

【 匯款當日通話錄音檔 】

嫌犯：我想知道國外匯款到了沒有。

客服：請告知您的帳戶和個人資料。（ 嫌犯
　　　正確說出自己的個人資料和帳號。）

客服：從國外匯入 40 萬美元。您是帳戶名義
　　　人嗎？

嫌犯：是的，我是。

客服：來分行的時候，記得帶外國人登錄證和
　　　存摺。您本人會親自來嗎？

嫌犯：是的，我本人過去。

正如外匯業務負責人的陳述，第二天嫌犯前往銀行分

行領錢，但由於帳戶被凍結，計畫出現了變數。

【 匯款翌日通話錄音檔 】

嫌犯：請幫我確認國外匯款到帳了沒。

客服：好的，目前有看到一筆海外匯款明細。

嫌犯：因為我現在人在國外，想把這筆錢再匯
　　　到國外。

客服：把錢退回去嗎？

嫌犯：我現在不在韓國，所以請把錢退給我。

　　嫌犯明明在韓國，卻又忽然出現在國外？錄音檔越聽越沒有頭緒。因為如果錄音檔的內容屬實，原本人在韓國的嫌犯在一天之內出國了，但實際查詢出入境紀錄的結果卻不是這樣。

　　原來，匯款當天打到韓國客服專線的電話，是從奈及利亞打過來的。換言之，某個人在奈及利亞冒充嫌犯，確認錢是不是從美國匯出來了。錄音檔裡說話的人並不是嫌犯，帳戶名義人和打電話的人並不是同一人。中間攻擊者的身分開始浮出水面，我們趕緊加快逮捕帳戶名義人的腳步。

與紐約警察局一同揪出共犯

我查閱公文，上面寫著嫌犯偽造美國匯款人的身分證，冒充受害者，說自己向韓國銀行匯款。在世界金融中心的紐約，竟能偽造身分證，向韓國匯款 4 億韓元的鉅款，真叫人難以置信。我寄電子郵件給美國受害者，請對方立刻回覆，以便完成聲請逮捕令時必須填寫的犯罪事實。

受害者是紐約一家房地產金融顧問公司的副社長，他說自己並沒有匯款，而是有人偽造他的身分證，向銀行申請房屋抵押貸款後匯款。向 FBI 報案的是銀行，銀行發現某筆國外鉅額匯款明細有異，直接致電受害者，得知他並沒有匯款後，才向 FBI 報案，希望盡快凍結韓國帳戶。受害者還另外向管轄當地的紐約警察局（New York City Police Department, NYPD）報案，NYPD 也已經指派案件負責人處理。掌握了受害者的陳述和額外資料，我開始投入逮捕嫌犯之前的最後作業。

NYPD 的案件負責刑警 E 接到受害者的電話後，立刻聯絡我，看來他們也還沒掌握匯款到韓國的帳戶名義人資訊。我們雙方都剛啟動調查，如果能互相分享資訊，就能查明整個犯罪組織的運作。

E 刑警隸屬於 NYPD 下轄的曼哈頓北部重竊案小組。

我需要發生在美國的案件內容，而 E 刑警需要韓國國內嫌
犯的資訊。最重要的是，因為我沒有接觸過這種偽造身分
證、要求銀行核發數億韓元貸款的案件，所以很需要美國那
邊的案件概要。我們決定向彼此分享調查的過程，並盡快著
手逮捕嫌犯。

「已經鎖定了偽造身分證、冒充受害者的嫌
犯 T。他受到另外兩個毒販的指使，為了付錢給他
們才犯案。」

與此同時，我收到這封電子郵件，對方說已經逮捕到
偽造美國受害者身分證、從紐約銀行匯款至韓國的共犯。對
方的調查進度幾乎是鋼鐵人的程度。美國共犯被捕後，就能
查明具體的犯罪事實，包括他們如何偽造受害者的身分證，
又是透過什麼方式向韓國匯款。

韓國人處理不來

韓國這邊也加速調查。恰好銀行主動聯繫我，說帳戶
名義人即將前來分行。我們事先已經說好，雖然嫌犯目前帳
戶被凍結，無法提款，但是務必要在合理的業務範圍內盡可

能了解他的需求。我拜託行員千萬要放輕鬆，像平常那樣工作就好。

我們埋伏在現場已經超過一個小時。嫌犯終於現身，看起來足足超過 100 公斤，我打給銀行行員，提醒嫌犯正要走向櫃檯。嫌犯進入銀行十多分鐘後，我也自然地走進銀行。儘管嫌犯大聲嚷嚷，說至少領出其中一部分也好，行員依舊不為所動，沉著應對。明明是因為從美國匯來詐騙的錢，帳戶才會被凍結，嫌犯仍堅持一定要領出來。**這種人的想法是，別人的錢只要進到自己的存摺，就歸自己所有了。**

嫌犯 40 分鐘後走出銀行，在附近的公車站待了一會兒，接著打電話給某人，談話間帶著怒氣。依照事前我們掌握的行動模式，嫌犯應該會搭公車去公司上班，但是他卻往公司的反方向走去。我們開著偵防車，緊跟著嫌犯意料之外的舉動，最後下車跟蹤嫌犯。這時，嫌犯忽然走進距離公車站 5 分鐘路程的派出所。為什麼會在這個時候走進派出所呢？我們無法掌握嫌犯的意圖，也不能現在逮捕他。

不知道嫌犯在派出所裡做了什麼，直到 30 分鐘後才走出來，隨後，他上了平時搭乘的公車去上班。我們立刻進入派出所了解情況，原來他是去報案，說之前在住家附近弄丟了裝有存摺和金融卡的包包，被人撿去使用。他弄丟存摺的

那天，正是從美國匯款到韓國的前一天。從筆錄來看，幾天後有人撿到了包包還給他，但這個人卻威脅他，說有一筆來路不明的錢已經匯進戶頭，如果不領出來，就要殺人滅口。嫌犯提款不成功，竟向警察局報案，謊稱自己是受到威脅的受害者，看來逮捕行動不能再拖下去了。

第二天上午 10 點，我們前往嫌犯工作的工廠實施逮捕。嫌犯說早就料到刑警會為了存摺找上門來，沒有太多掙扎便乖乖就範，不過，他無意坦承一切。**為了應對今天的情況，嫌犯應該已經做了各種周全的思考，演練過各種可能的劇本。** 從現在起，要想套出嫌犯的口供，必須要有超人般的體力，也需要和通譯員合作無間才行。

這是我第二次參與跨國聯手偵辦的案件，不僅嫌犯的謊言令人頭痛，另一個困擾我的問題就是和通譯員之間的溝通，所以我打給位於軍事地區東豆川（美軍基地 Camp Casey 與 Camp Hovey 長期駐紮之地）的東豆川警察局，詢問是否有刑警御用的通譯員。那裡的職員一致推薦珍妮佛，珍妮佛是土生土長的韓國人，不僅在東豆川擔任通譯員，平時也協助解決外國人的民事和刑事問題，是人們口中的「大媽」通譯員。我邀請珍妮佛陪同調查這次案件，珍妮佛欣然同意了。

　　嫌犯畢業於賴比瑞亞的四年制大學，也取得了律師資格。他誇耀自己曾經在堂兄弟經營的律師事務所工作，隨後是一連串自我保護的供詞。他說有一位韓國人曾到他的辦公室，提議一起從事寶石生意，所以他才來到韓國。這段故事雖然交代了前因後果，但是細節不清不楚。如果是來韓國做生意，至少應該知道生意夥伴是誰，知道提議一起做生意的韓國人叫什麼名字，怎麼聯絡才對，但是他卻一問三不知。嫌犯腦海中的劇本開始出現矛盾，回答也變得支支吾吾。

　　我們在逮捕嫌犯的前一天前往派出所，深入追查裝有存摺和金融卡的包包遺失情形。通常存摺弄丟了，一定會辦理掛失，然而問嫌犯是否向銀行掛失時，他卻回答已經掛失了。在我著手調查初期，早已分析過帳戶交易明細，知道這個帳戶存摺從沒有掛失過。嫌犯大概是因為害怕，才會說出和筆錄上不一致的回答。

　　這時，主導權已經完全回到我手上。我說要聯絡銀行，確認是否有掛失的紀錄，嫌犯此時已經崩潰，用雙手摀住眼睛，要求我再給他一點思考時間，接著呼吸忽然變得急促，開始哭了起來。塊頭這麼大的男人哭得像個孩子一樣，讓我也瞬間停下了動作。珍妮佛趁機到他身旁，拍拍他的肩膀，問他是否準備好坦承一切了。

　　他調整好呼吸，要了紙和筆，說會坦承一切。當他提筆
準備寫些什麼的時候，忽然這麼對我說：「**這一連串的事情，
韓國處理不來的。**」

　　是的，第一個跨國聯手偵辦案件的嫌犯口中，也說過
同樣的話。

露出馬腳的電腦詐騙集團

　　據說，韓國國內的詐騙集團成員都是接受「羅密歐」這
號人物的指示。**來自奈及利亞的羅密歐指使詐騙集團成員創
建特定的網站，駭入各大企業，再將騙來的金錢匯往國外。**
他將組織命名為「電腦黑幫」，據說這群人目前遍及世界各
地。當駭客將錢匯入後，由帳戶名義人負責領錢，而羅密歐
正是在韓國管理這些帳戶名義人的中間人。

　　嫌犯一邊在回收紙上畫著組織圖，一邊說明該組織相
當嚴密。如果第一次當駭客就成功騙到錢，上面才會交代初
階主管具體的任務。初階主管被稱為「工程師」，負責招募
和管理領錢的帳戶名義人。工程師收到國外匯錢進來的訊息
後，大多會在週五（週末前一天）前往銀行領錢，再經由
仁川機場出國。

　　我給嫌犯看了先前和英國聯手偵辦逮捕的嫌犯照片，嫌

犯說他也是受羅密歐指使的其中一位工程師。我等了許久，終於在這一刻獲得解開案件的線索。該組織的代號爲「H」，以奈及利亞爲據點，成員遍布世界各地，例如西南非、歐洲、北美、南美、中國和香港等亞洲國家。他說如果不是相同國籍的「brother」（他們稱呼相同國籍的成員爲 brother），就不可能套出口供來。嫌犯說羅密歐和電腦黑幫已經賺進大把鈔票，擁有相當大的力量，韓國怎麼可能有辦法處理，絕對抓不到人的。嫌犯還說，如果坦承犯案、被驅逐出境，就會遭到殺害，所以他們才不斷說謊。這時，我才知道「韓國人處理不來」是什麼意思。

聲請羈押令後，我聯絡負責審理第一個嫌犯的檢察官，將我發現重要證人的調查報告和相關資料寄給他。儘管嫌犯坦承不諱，但是考慮到犯罪的嚴重性，還是先將他拘留。雖然已經確定背後隱藏的中間攻擊者正是駭客組織，但是要查明該駭客組織的眞面目，還有許多事情要做。

韓美兩國聯手偵辦駭客組織

嫌犯被拘留後，我撰寫一份報告，說明上次和英國聯手調查的案件與這次案件，都跟賴比瑞亞籍的嫌犯有關，並且寄給 NYPD 負責人。對於韓國如此快速將嫌犯拘提到案，

美國方面似乎頗爲驚訝。E 刑警表示會將資料轉給聯手調查的美國國土安全部（United States Department of Homeland Security, DHS）、美國特勤局（United States Secret Service, USSS）及他的夥伴，說夥伴幾天內就會聯絡我。看來美國有許多調查機構正聯手進行調查。

此次案件雖然與英國貿易公司電子信箱遭駭事件的性質完全不同，卻是同一組織的犯罪行爲。爲了一探其他工程師和組長的眞面目，我決定按照拘留中的嫌犯的供詞，先去一趟羅密歐經常出入的夜店。

週五晚間，我和珍妮佛站在貼有「僅限外國人」告示的夜店門口。雖然才剛入夜，夜店裡早已擠滿美國軍人。我出示警察證件後，承諾會靜靜觀察一圈就走，這才得以進入。赤裸上身的男女外國人在震耳欲聾的音樂中跳舞，這次調查並沒有特別的收穫。

就在我苦思調查方向時，收到了美國寄來的一封意料之外的電子郵件。

收件人：韓國警察廳國際合作組負責人

我是紐約地方檢察官辦公室的地方檢察官。我負責起訴違反紐約州刑法的金融詐騙犯。紐約地方

檢察官辦公室向韓國網路犯罪搜查隊朴重炫刑警請
求，提供此次調查嫌犯的過程中復原的資料。

寄信給我的這位地方檢察官，便是 E 刑警所說的夥伴，
他透過正式管道要求我提供逮捕嫌犯時扣押的數位採證資
料。我想，彼此正在追查的幕後黑手可能是同一號人物，於
是將對方需要的資料寄了過去。幾天後，我收到召開視訊會
議的通知。地方檢察官說從韓國掌握的數位資料中，發現許
多與美國相關的資料，同時請我提供負責刑警的證詞，如果
他們能拿到負責刑警的證詞，就可以著手處理新的案件。

這場會議的目的是要啟動另一個掃蕩詐騙集團的案件。
只是如果要取得兩國共同調查案件的許可，必須在紐約大陪
審團（Grand Jury）面前提出刑警的證詞。到目前為止，我
們只能在韓國國內掌握詐騙集團成員的真實身分，所以這是
再好不過的機會了。再說，對羅密歐的調查還在進行當中，
如果兩國追查的對象是同一人，那麼這個組織的面貌就可以
更清楚明白了，於是我告訴對方，我這邊一準備好就可以立
刻前往美國。

不久後，NYPD 的社群媒體調查組將羅密歐的 Facebook
帳號整理為一份智慧分析報告，寄送給我。所謂智慧分析報

告，是利用 Python 等電腦程式語言編寫程式，抓出網路上反覆出現的詞彙或有助於調查的特定關鍵字，最後將其視覺化的報告。社群媒體調查組分析羅密歐 4 年來在 Facebook 上與他人的對話內容和貼文，抓出其中與韓國相關的特定關鍵字，製作為智慧分析報告。只要羅密歐的朋友在特定相片下留言，程式就會蒐集數百則相關留言，抓出特定詞彙，並且生成一目了然的視覺化圖表。從這份報告就能一窺美劇《犯罪心理》（*Criminal Minds*）當中的辦案方式。我是自己一個人把貼文截圖下來撰寫調查報告，非常羨慕對方還另外設有社群媒體調查組。

我利用美國方面提供的資料，成功取得向 Facebook 總部執行扣押調查的查驗令。執行扣押調查不到 3 週，Facebook 總部回覆了龐大的數據，足以掌握詐騙集團組長的個人資料，經過分析，終於確定了組長的個人資料。至此，距離第一次的案件已經過了一年。羅密歐只是化名，並非虛構的人物，他從 2012 年到 2016 年的期間，也確實待在韓國。如今剩下的任務，就是前往紐約，在大陪審團面前公開該詐騙集團成員的真面目了。

前往紐約，下一起案件隨即到來

2018 年 2 月，由於史無前例的暴風雪與寒流，前往紐約的航班停飛，我只好在洛杉磯國際機場轉機，再飛往紐約甘迺迪機場。暴風雪與寒流導致機場水管破裂，整座機場內滿是尋找自己行李的全球觀光客，擠得水洩不通。我抵達下榻處放妥行李，和前來迎接的 E 刑警打過招呼，便前往曼哈頓警察局。

我在曼哈頓地方檢察官辦公室簡單說明這段時間調查的案件。簡報結束後，檢察官詢問美國是否也有其他詐騙集團成員。我拿出嫌犯自白時親筆畫的組織圖和審訊紀錄，也許是這些資料相當齊全，檢察官非常滿意，表示明天出席大陪審團作證萬無一失。

檢察官接著表示，在調查美國逮捕的詐騙集團成員時，發現幾筆資金流向韓國，詢問我雙方能否聯手偵辦，同時印出 2 筆匯款明細給我看。其中一筆是買賣款項，匯款金額為 26 萬美元（約新台幣 800 萬元），另一筆是 36 萬美元（約新台幣 1,100 萬元）的交易明細。檢察官和 E 刑警的表情，就是希望我接下新的案件。想不到我來美國，竟然會被指派人生中第三次的跨國聯手偵辦案件！雖然這件事要先得到組長的裁示和科長的同意，不過我認為由我接下是最合適的，

便告訴他們我回韓國後會立刻展開調查。無論再怎麼期待第三起案件，還是要先把這個想法放在一旁，專心準備明天前往大陪審團作證。

在大陪審團面前作證

以下是美國憲法第五修正案（Fifth Amendment, Amendment V）的內容：

> 「非經大陪審團提起公訴，人民不應受判處死罪或因重罪而被剝奪部分公權之審判；惟於戰爭或社會動亂時期，正在服役的陸海軍或民兵中發生的案件，不在此例；人民不得為同一罪行而兩次被置於危及生命或肢體之處境；不得被強迫在任何刑事案件中自證其罪，不得不經過適當法律程序而被剝奪生命、自由或財產；人民私有產業，如無合理賠償，不得被徵為公用。」

大陪審團基於美國憲法第五修正案成立，由英美國家公民中隨機挑選出的人組成。

下午4點，我走進召開大陪審團的法庭。前一天開會

時，檢察官建議帶著這段時間調查的案件紀錄出庭作證，可以贏得陪審團更大的信任，於是我帶著相關紀錄進入法庭，40 人組成的陪審員注視著我。

檢察官首先請我朗讀誓詞，宣誓守護美國憲法的權利和據實以告。隨後詢問我的姓名、國籍、職級、目前負責的業務，這才正式開始作證。

檢察官多次詢問被捕嫌犯的個人資料和在韓國經證實的犯罪事實，並詢問嫌犯是否坦承犯案、調查總共進行幾次。我告訴檢察官，嫌犯起初矢口否認犯行，後來才坦承是受駭客組織的指使犯案，**這些詐騙集團成員不只在韓國活動，也活躍於美國**。檢察官將投影片切換到嫌犯從美國收取匯款的帳號，詢問這是否就是用於此次案件的帳戶，這正是我在聲請扣押調查查驗令、逮捕令和羈押令期間，爛熟於心的帳號。我回答：「這正是被捕嫌犯所使用的帳戶。」

於是，檢察官轉向陪審員，詢問他們對我是否還有疑問。其中一名陪審員舉手，問我調查嫌犯時，是否由案件負責人獨自撰寫資料。針對審訊紀錄製作規定的提問，倒是出乎我的預期。我告訴陪審員，除了案件負責人，還必須有一名督察員位階以上的司法警察參與，才能被認定為有效文件。聽完我的回答，陪審員點了點頭，沒有其他的提問。

　　接著,檢察官走向陪審團,力陳此次案件的重要性,並表示爲了掃蕩這個橫跨韓美兩國的駭客犯罪,必須重新啟動案件調查。眼前猶如電影《軍官與魔鬼》(*A Few Good Men*)中,湯姆‧克魯斯(Tom Cruise)對傑克‧尼克遜(Jack Nicholson)做出有罪判定時,說出「你是否下達了紅色命令」的場景。

　　檢察官請我先在外面等待,以便向大陪審團提出最終意見。二十多分鐘後,檢察官帶著開朗的表情走了出來,說大陪審團一致舉手豎起了大拇指。

案件12 魚叉式網路釣魚

掌握對象和目標後，展開長期攻擊

喀麥隆籍中間人逮捕事件

我在經濟犯罪調查組工作時，每次看見受害者拿著區區幾頁的陳情書或訴狀前來辦公室，總覺得他們的生活就像是口袋中纏繞在一起的耳機線。受騙金額越大，人們越想傾訴自己是如何辛苦才勉強賺到這筆錢，說自己的生活陷入困境。無論如何，我都想盡快為他們處理。

每次調查一起案件，通常會先從陳情書和訴狀反映出的受害者生活著手，等到拘提或逮捕嫌犯後，案件負責人重新串起受害者的生活和他們的人生，自己的生活也不知不覺地融入案件中。然而，有時候嫌犯的生活，比受害者的生活更值得關注。其實翻開案件資料，就能看見嫌犯的審訊紀錄分量遠比受害者的陳述報告多出許多。

　　奇怪的是，無論網路犯罪案件的受騙金額是數千韓元的遊戲道具，還是超過數億韓元的鉅款，對於犯罪手法和追查過程的調查報告，分量總是比受害者或嫌犯的生活來得多。這是因為在受害者與嫌犯之間，存在著一處網路空間，**導致網路犯罪案件的調查報告資料，內容大多是反向追查犯罪行為的過程。我在這當中發現一件事，那就是技術上的預防是可行的**。我目前正在處理的一連串案件也是，隨著詐騙集團成員的身分一個個曝光，我發現了事前預防的可能性。

　　我的直覺告訴我，這次案件將會成為完成整幅拼圖的重要銜接點。這次將要開始調查的案件，關鍵資料是出席大陪審團作證時取得的 36 萬美元和 26 萬美元的海外匯款交易明細。其中蒙受 36 萬美元損失的美國人，是經營建築業的公司負責人，文件上記載這筆錢的名目是匯往韓國的工業機械採購款；而蒙受 26 萬美元損失的美國人，則是與先前處理的案件 11 雷同，某人偽造其身分證向銀行貸款，並匯往韓國，然而受害者在韓國並沒有客戶，也不曾向銀行貸款。

　　為了掌握帳戶名義人的個人資料，並將其列為嫌犯、調閱其交易名目，必須先聲請扣押調查查驗令，在此之前，需要取得受害者的陳述書。於是我向美國提出要求，如果有陳述書和案件負責人撰寫的調查報告，請盡快寄給我。案件

負責人隨後寄來了「案件／調查報告」，裡面按照日期詳細記載了受害者陳述的內容與受害經過等。

透過扣押調查查驗令，我掌握到 36 萬美元匯入的帳戶名義人是賴比瑞亞籍，一如原先的預期，然而嫌犯已經從韓國出境了。2017 年 3 月 29 日由美國匯入的贓款，於隔天 3 月 30 日，在京畿道華城松炭分行被領出一部分，其餘則在首爾東大門分行被全數領出。照理來說，要領出大筆匯入的貿易款項，必須準備好銀行要求的文件才行。帳戶名義人竟然能備齊所有文件，領出所有贓款後逃亡海外，計畫縝密的程度令人吃驚。

在我結束曼哈頓法庭的大陪審團作證之旅，取得資料並立即展開案件調查之前，嫌犯已經完成所有犯行，逃到國外了。不過慶幸的是，收取 26 萬美元匯款的帳戶名義人仍待在韓國，這個帳戶的名義人是喀麥隆籍。經調查，原來他盜用美國受害者的個人資料，偽造其身分證後，前往邁阿密的 TD 銀行，以受害者的名義申請房屋淨值貸款（Home Equity Line Of Credit, HELOC），再匯往韓國。盜用受害者資料前往 TD 銀行申請貸款的共犯，已經遭到 NYPD 逮捕，在我收到的逮捕報告與監視器資料中，記錄了所有犯行。TD 銀行要求韓國銀行迅速退還資金，幸好最後成功收回。

　　如此一來，待在韓國的嫌犯只能回到喀麥隆了。因為
在美國偽造受害者身分申貸的共犯已經被逮捕，就連組織老
大的身分也已經曝光，實在沒有理由繼續待在韓國。即便如
此，嫌犯依然待在韓國，看來似乎有其他原因。不管嫌犯飛
天或遁地，只要人是在韓國國內消失，無論如何都能找出
來，所以我立刻請求限制他出境。

面對滿口謊言的嫌犯無計可施

　　包含逮捕令在內的整組令狀很快就核發下來了，這是
第一次跨國聯手偵辦案件時無法比擬的速度。逮捕地點在光
州，由於時間緊迫，我們立刻組成 2 個小隊南下光州。實施
逮捕的前一天，我提前南下確認公司到住家的路線，思考逮
捕地點要選在公司還是住家，最後決定在嫌犯出門上班的時
機逮捕他。

　　翌日上午 7:40，我們一行人抵達嫌犯住家門前，安排
人員在對面屋頂的樓梯上監視嫌犯是否下樓。埋伏了十餘
分鐘，便看見一名外國人準備下樓。我立刻下車，進入屋
內，和走下樓梯的嫌犯擦肩而過。對方穿著厚夾克，壓低
了帽子，然而夾克和帽子之間露出的雙眼，一看就是照片
中的嫌犯。

　　我叫出嫌犯的名字貝瑪（化名），想確定是不是本人。不料對方竟回答他是德瑪（化名），我以為自己聽錯了，但其實對方只是名字相像而已。我想，德瑪在上班路上看到刑警忽然朝自己衝來，心裡一定很驚慌。他確實是說另一個名字，只是我心中已經認定這個人是嫌犯。照理來說應該要求對方脫下壓低的帽子，確認是不是嫌犯，但因為逮捕和扣押調查迫在眉睫，我立刻掏出包裡的電擊槍，衝上前與對方展開肉搏戰。就在我抓住這位試圖反抗的外國人，摔倒對方並準備銬上手銬時，忽然有種不妙的預感，趕緊脫下對方帽子確認。原來我差點抓錯了人！

　　我立刻朝後面跟上的隊員比手勢，要他們檢查隔壁房。我忽略了房東將一層頂樓加蓋隔成 3 間房出租這件事，誤以為這裡只有住嫌犯一個人。不過比起整理現場，當務之急是逮捕嫌犯。此時，另一位外國人正準備出門，不小心摔了一跤，他忽然抓住我的腳，開始用牙齒咬了起來。打出生以來，這還是我第一次被人咬腿。儘管滿腿鮮血，我仍擔心嫌犯會不會趁亂逃跑，無暇顧及疼痛感。整間屋子因為打架變得一片混亂，各類器物支離破碎。我掏出錢包裡的現金，轉交給隔壁房客，請他用這筆錢去購買因為這二十多分鐘的打鬥而碎裂的家中器物。

　　組員們圍著嫌犯，我壓住正在流血的腿，確認過嫌犯的身分後，才將對方上銬。嫌犯一副已經預料到警察會因為帳戶的事上門的表情，上銬的那一刻，嫌犯毫不在意地笑了笑。刑警為了逮捕這個人，還被咬傷了腿，但大概是看警方好欺負吧，嫌犯臉上一派輕鬆。

　　結束扣押調查後，其中一個小隊搭機，另一個小隊搭車返回首爾。我將逮捕現場扣押的 5 支智慧型手機、1 台筆電和 1 個隨身碟，交由數位採證組分析，並與最先抵達辦公室的珍妮佛一起進行調查。調查開始後，嫌犯一句話也沒說。如果我們逮捕了無罪的人，對方至少也會擺出無辜的表情，然而嫌犯的臉上卻是一派悠閒自在。

　　嫌犯 2014 年在杜拜建築工地工作了 2 年，下一個入境的國家不是喀麥隆，而是韓國。據嫌犯所言，雖然他的家人還留在故鄉，不過自己在 Google 上搜尋，看見韓國是最安全的國家後，便決定來韓國。一如我的預期，嫌犯從入境韓國到定居光州為止的一連串驚奇過程，都與之前被羈押的嫌犯相同，似乎和之前的賴比瑞亞嫌犯來自同一個組織。

　　嫌犯否認所有犯行，堅稱是隔壁房朋友盜用自己的帳戶，這點也在我預料之內。這名嫌犯被逮捕後，連對負責刑警的供詞也和上一個案件的嫌犯完全相同，看來這夥嫌犯肯

定都來自同一個組織。根據我在美國掌握的資料，已經足以證明犯罪事實，問題是當嫌犯否認犯行的時候，我沒有更多時間找出可以推翻嫌犯說法的證據。

忽然，我發現扣押的嫌犯護照上，印有「難民認定申請簽證」，這代表出入境管理事務所目前正在審查嫌犯是否符合難民資格。被認定為難民後，嫌犯最終就能以難民簽證居住在韓國。這個關鍵資料可以用來向嫌犯施壓，我打電話給出入境管理事務所，要求暫停所有正在進行的審查。

嫌犯這時出現了動搖。或許是沒有料想到這一步，嫌犯忽然戴著手銬衝進廁所，開始吐了起來。珍妮佛和我期待著嫌犯平穩呼吸後，就會坦承不諱。我暫停調查，給嫌犯平復心情的時間，暗自猜想他願意坦誠到什麼程度。不久後，也許是混亂的心情逐漸平靜下來，原本遲遲不肯開口的嫌犯，說出了一句「我害怕」。顯然他在坦承和否認之間出現了嚴重的拉扯。

嫌犯表示喀麥隆目前正經歷嚴重的內戰，尤其是分裂為法語圈喀麥隆人和英語圈喀麥隆人後，整個國家進入無政府狀態，只要有錢就能購買槍枝，槍枝濫用事件頻傳，治安非常差。他冒著生命危險入境韓國後，才算過上了穩定的生活。但是嫌犯說，之前一位認識的朋友將存摺交給詐騙集團

成員，被要求領出海外匯入的款項，這位朋友拒絕領款，之後回到喀麥隆，竟遭到槍殺。

　　嫌犯到現在仍不願坦承犯行，還在拚命說謊，或許是考慮到自己被驅逐回喀麥隆的可能，這次他應該也不會輕易坦白。看來比起從美國匯入的 26 萬美元，還有更大的報酬在等著他。他利用另一個突破口製造代罪羔羊，這點倒是與之前的嫌犯不同。**他的謊言融合了現實與虛構，將過錯全推到代罪羔羊身上，最重要的地方，就是他的謊言揉合了無法查核的部分**。那位被殺害的朋友和下達指示的詐騙集團成員當然都已經出境，我們無法確認事件的真假。

　　由於拘提時間快到了，無法再繼續調查。我原本想這次暫以不羈押釋放，等到數位採證組的結果出來，掌握明確的證據後，再來聲請羈押。不過，如果是非羈押案件，無論案件調查 1 年，還是調查 10 年，都會被視為情節輕微的案件。組長擔心通報案件數會減少，而且為了抓一名嫌犯，還動用所有組員南下，肯定會聽到其他組員抱怨：「如果不羈押，當初打電話叫來調查就好，何必興師動眾呢？」因此，我還是聲請了羈押令，結果聲請被駁回了。

破解 18,442 個錄音檔彩蛋

儘管是預料中的事，但是聲請羈押令被駁回後，計畫出現了變化。釋放嫌犯當天，之前我緊急交付資料分析的數位採證組傳來了分析結果。在扣押的手機數據中，發現了通訊軟體 WhatsApp 內儲存的大量音訊檔案，共有 18,442 個。嫌犯被捕 3 天就要離開，只能告訴他「調查現在才正式開始」，但我刻意將音檔放給嫌犯聽。因為聽不懂是什麼語言，我問嫌犯這是哪一國的語言。嫌犯說是喀麥隆林貝（Limbe）地區使用的方言皮欽語（Pidgin）。看來目前掌握的音檔會是唯一的線索，問題是這個既非英語也非法語的喀麥隆方言，該透過什麼方式翻譯才好？我實在找不到突破口。

雖然組長擔心的是通報案件數量減少，不過相較於此，每逮捕一名嫌犯，就會讓更多共犯逃逸，才是最令人擔憂的。釋放嫌犯後，指揮部的關注自然會隨著時間逐漸降低，但是我不想草草結束這次的案件。我請官方法語通譯員聽這些音檔，期待著謎團早日解開，結果所有通譯員都說第一次聽到這個語言，沒辦法翻譯。我滿腦子都是非洲大陸的地圖，思考著該如何翻譯非洲 2,000 種以上的語言。

某天，我和數位採證組組員在辦公室旁的休息室聊天，想要獲得一些破案的靈感，我們突然聊到去韓國外國語大

學找人的話題。我的腦袋瞬間一亮，如果是去韓國外國語大學，應該能得到幫助。於是我立刻向校方尋求協助，2週後收到了回覆。校方表示雖然和嫌犯不是住在同一個地區，但可以找到來自喀麥隆且能聽懂皮欽語的留學生。校方也說明，同樣是非洲語言，同一國家不同地區的部落都有各自的方言，還需要進一步確認，於是我先邀請留學生來面談。

　　面談當天，開門走進辦公室的喀麥隆留學生給我不錯的印象，就像我第一次看見珍妮佛一樣，他先自我介紹，說自己喜歡吃韓國料理。經過兩個多小時的身家調查，我確定他是可以信賴的人，於是，我在沒有任何案件說明的情況下播放了音檔。這是我經過2週的篩選後，分量相對較多的音檔。這個音檔我聽了不下數十遍，話語中似乎帶有旋律，宛如歌曲，就像舉行祈雨祭時念出的咒語一樣。留學生聽完音檔後，表情嚴肅地點了點頭，他說雖然不能百分之百聽懂，但是根據前後文脈絡，還是可以理解大部分內容。

　　喀麥隆有皮欽語、布比亞語（Bubia）、巴奎雷語（Bakweri）等方言，音檔中便是揉合皮欽英語（Cameroonian Pidgin English）和巴奎雷語的語言。留學生表示，喀麥隆和奈及利亞相鄰，位於兩國邊界的布埃亞（Buéa）地區大多使用這個語言，不過他還是可以解讀。

我請他簽下保密契約，將音檔交給他。我先用 3 個月的時間，從 18,442 個音檔中挑出重要資料，交給喀麥隆留學生，請他將方言翻譯為英文，我再將英文翻譯為韓文，撰寫調查報告。

在翻譯文件累積一定的分量後，我請珍妮佛和喀麥隆留學生一起過來，撰寫陳述書，憑藉音檔重新排列了嫌犯從入境前到入境後，以及犯罪發生的時間軸。從 WhatsApp 當中挑出的訊息內容和音檔，大量集中於美國銀行匯款之前與之後。留學生說他在翻譯時發現一個特別的檔案，請我仔細聽。我當然聽不懂這個方言，內容是翻譯為英文的。

　　「我們使用的語言是喀麥隆皮欽語。他們聽不懂我們說的話。我們使用的英文單字既困難又複雜。」

我自己聽的時候，並沒有聽到什麼資訊，不過音檔中確實可以聽到「皮欽」一詞。而且喀麥隆曾經受法國殖民，當地人還能說法語。這位留學生天生就說喀麥隆方言，求學期間又學過英語和法語，再加上住在韓國，還能說韓語，擁有強大的語言武器。雖然我沒有給留學生任何關於案件的資

料，他卻能清楚說出整起案件的犯罪內容。

　　他說音檔中提及錢匯到韓國後，嫌犯曾多次嘗試領錢都沒有成功，似乎要追究某人的責任；又說如果這次計畫成功，嫌犯就可以拿到其中的 80%，現在卻一毛錢也拿不到。看來嫌犯不只是擔任帳戶名義人的工程師，將美國匯入的金額領出，還有其他任務，包括指示其他共犯提供存摺和領出匯入的贓款。

　　如果可以領到 80% 的報酬，代表就像之前被逮捕的共犯坦承的，嫌犯就是詐騙集團組長和帳戶名義人之間的中間人。不過單憑一個人的翻譯仍有疑慮，還需要雙重驗證。其實在這次案件的調查上，珍妮佛功不可沒，她動用了所有人脈，請出住在東豆川、已經入籍為韓國人的喀麥隆裔朋友，以及在養雞場工作的奈及利亞籍員工協助。他們翻譯的內容和留學生翻譯的內容基本上相同。

　　這些音檔就是一個個彩蛋，能解開案件背後不為人知的犯罪事實。

歷時 2 年的長期戰

　　我找到了這次案件的重要檢舉人約翰・多伊（John Doe）。檢舉人稱，所有案件相關人士都會否認犯行，一致

回答「自己的存摺被別人拿去用」。由於在韓國負責蒐集和管理存摺的中間人，事先已經將帳戶名義人的資料交給負責駭入電子郵件的駭客組，所以受害者可以匯款到韓國。檢舉人還說，帳戶名義人已經受過訓練，如果被警察逮捕，就要回答不知道什麼中間人和組長，根本不會坦承犯行。

檢舉人曾是賴比瑞亞第 24 任總統艾倫・強森・瑟利夫（Ellen Johnson Sirleaf）之子羅伯特・瑟利夫（Robert Sirleaf）的私人隨扈，在賴比瑞亞現任總統喬治・維阿（George Weah）上任前，前總統瑟利夫從 2006 年執政至 2018 年。在充滿殺戮與肅清的政權交替期，檢舉人冒著生命危險逃到韓國來，以化名在一家生產工廠工作。我是在調查這次案件相關人的過程中，才偶然接觸到這位檢舉人。檢舉人通常不用真名，而是用約翰・多伊來代稱。在歐美，身分不明的男性稱為「約翰・多伊」，而身分不明的女性稱為「珍・多伊」（Jane Doe）。

透過檢舉人的陳述，我得以更清楚地勾勒出這次案件的整個輪廓。儘管當中仍存在一些無法解開的難題，不過經過將近一個月對檢舉人的調查，我終於整理出關於嫌犯的龐大資料。

由於最後的調查無法預估會進行多久，嫌犯為了接受最

後的調查，辭掉原本的公司，幾個月後重新到案說明。這次
如果由我、珍妮佛、喀麥隆留學生和檢舉人一起進行調查，
肯定能對嫌犯做出更有力的攻擊，不過考量到留學生和檢舉
人的人身安全，這次依然是我和珍妮佛出面。

　　嫌犯依然否認犯行，強調自己和案件沒有任何直接關
聯。這代表嫌犯有十足的把握，認為警方找不到任何可以將
他定罪的證據或資料。我從連續好幾個月分析的音檔中，挑
選出數十個關鍵檔案，連同數位採證組還原的 WhatsApp 對
話內容一起調查，調查時間比預期多了 2 週。嫌犯主要傳訊
息給誰，又為什麼要傳訊息，我全都一一確認過，也請翻譯
員解讀我準備的數十個方言音檔。正如原先預料的，嫌犯的
供詞和經過雙重驗證的內容完全不符，我在口供分析調查報
告中，寫下「嫌犯每次陳述的內容都是謊言」。

　　嫌犯可能以為警方沒有能力分析喀麥隆方言，但音檔可
是有望做為這次案件翻盤的重要證據。隨著案件進入第七次
調查，嫌犯低下頭，內心開始掙扎了起來，我告訴嫌犯，只
要他願意坦承犯案，我們可以提供他需要的幫助。原本雙手
抱頭、看著地上的嫌犯，忽然盯著我看，問我會怎麼幫他。
其實，即使嫌犯如實坦承，犯罪責任也不會消失，我也不可
能幫他偽造身分，提供他可以安全生活的居住空間。但是我

說，如果要我幫你，首先你必須說出實情。

「帶領這個組織的組長，和分散在英國、美國、杜拜等全球各地的奈及利亞人密切聯繫。他們聯繫的目的，是利用已經蒐集來的企業資訊和個人資料隨機發送電子郵件。他們寄信時，會讓收件人想打開這封信來看，而冒充非洲非政府組織是最有效的。**一旦打開這類冒充非政府組織郵件的附加檔案，電腦就會受到駭客攻擊**。和組長聯繫的人究竟是用什麼方法駭入電腦，這點我不清楚，但詐騙集團成員各個都是電腦專家。無論是冒充非政府組織騙錢，還是駭入電腦騙錢，只要將錢匯往國外，最後就需要把錢領出來的帳戶名義人。組長待在韓國管理帳戶名義人，等到錢匯到韓國，就會跟這群帳戶名義人見面，說服他們把美元領出來。」

長期戰的策略奏效了。嫌犯決定坦承犯行後，完全變了一個人。為了確認我們鎖定的組長是否就是韓美兩方共同追查的人物，我將羅密歐的照片拿給嫌犯看。嫌犯說照片中的男人，正是奈及利亞籍的羅密歐。他說羅密歐因為其中一條腿有問題，走路的模樣較不自然，會親自搭韓國高鐵去見各個地區的帳戶管理者。這一刻，我終於確定了中間攻擊者就是由組長羅密歐帶領的駭客組織。

嫌犯也解釋了分贓結構，如果從美國匯入的贓款順利

領出，那麼駭客組可以拿到 50%，其餘 50% 由蒐集、管理
帳戶的中間人拿走 5% 至 10%，剩餘的便是給帳戶名義人。
但嫌犯還是不承認自己與案件有直接關係，依然在做最後的
掙扎，似乎還在為驅逐出境後的情況著想。然而，我所掌握
的證據已經證明了他的謊言。

　　結束第七次的調查，我聲請了預防性羈押令。NYPD 逮
捕的美國共犯資料和經由數位採證取得的音檔、還原的對話
紀錄，都是關鍵性的證據。最後嫌犯走進了 8 號法庭，並在
當天核發了羈押令。嫌犯被移送檢方羈押時，對我說「這些
事情不是你們可以處理的」。我無法否認這句話，不過至少
經過 2 年來的案件調查，我找到了解決問題的答案。更重要
的是，他們的犯罪手法已經在韓國完全暴露。

　　羈押令核發下來後，我將這段時間撰寫的拘提報告和
逮捕報告翻譯為英文，寄給了美國。前往大陪審團作證後開
始啟動的案件，經過 7 個月的調查，才逮捕並羈押喀麥隆籍
的嫌犯，我不禁有種「現在才正要開始」的感覺。

　　**這群中間攻擊者在掌握攻擊對象和目標後，便展開長
期攻擊，駭入企業或個人的電子信箱。嘗試攻擊的國家、受
害企業和個人所在的國家、將騙到手的財物洗白的國家，
各不相同**。這種犯罪就像漁夫在海邊捕魚時，針對特定目

標丟出魚叉一樣，未來應該要劃入魚叉式網路釣魚（Spear phishing）的分類才對。

　　由於案件橫跨 3 個國家，各國執法機關的系統不同，因此需要更緊密的跨國合作。儘管駭客組織的組長已經潛逃回奈及利亞，但是我們已經掌握了詐騙集團成員的真實身分。這個從 2017 年 3 月開始調查的案件，到了 2018 年 11 月才宣告結束。

網路安全意識與教育的必要性

「我坐在桌子邊，可以監聽任何人，從你或
你的會計師，到聯邦法官甚至總統，只要我有個人
電郵地址就行。」
———格倫·格林華德，《政府正在監控你》
（ *No Place to Hide* ）

　　網路安全企業 SplashData 發布報告*，指出 2013 年之
後的 8 年，最常被使用、也最不安全的密碼是「123456」。
　　對於正準備開拓海外銷售市場，將產品出口至國外的企
業而言，國外客戶對自家公司產品的興趣，直接影響到企業
的生存，因此必須積極回應。然而，企業之間透過電子郵件
詳談細節時，尤其是如果公司信箱和個人信箱混用，沒有區
分開來的時候，就需要更謹慎的網路安全意識。專門檢測密

---

* 引自韓國媒體《IT world》2020 年 2 月 18 日報導。資料來源：https://www.
itworld.co.kr/insight/144212

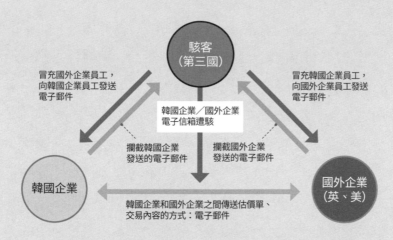

圖表 3-2　至少經過 3 國的電子郵件駭客詐騙

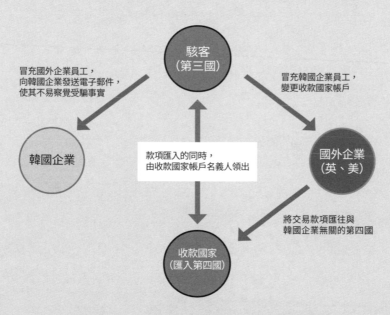

圖表 3-3　經過 4 國的電子郵件駭客詐騙

碼安全性的 security 網站（www.security.org）表示，如果有
公司員工缺乏網路安全意識，使用「123456」這種不到 1 秒
便能駭入的密碼，那麼中間攻擊者就更容易冒充公司客戶，
發動攻擊，正如案件 10 所述的第一次跨國聯手偵辦案件。

這些詐騙集團的犯罪手法日趨複雜，危害越來越大，
調查也越來越困難。詐騙集團未來也許會繼續將觸手伸向第
五個國家、第六個國家，變得像漁網一樣錯綜複雜。雖然我
不想承認，但是或許真的像嫌犯所說的，單靠個別國家的調
查力量，難以處理這樣的犯罪。

當前最可行的方法，就是宣導針對這種犯罪型態的預
防教育。所以我找上負責仲介及管理國內外企業貿易的韓國
貿易投資振興公社（KOTRA）市場資訊組，說服他們立刻
啟動預防教育。隨著韓流的崛起，國外客戶對韓國品牌的關
注日益提高，鼓勵出口貿易的線上、線下活動也持續舉辦。
雖然預防教育計畫因此受到排擠，不過在市場資訊組的積極
推薦下，我得以針對 KOTRA 總部、京畿南部支援團、京畿
北部支援團、江原支援團實施預防教育。

**「受騙的企業相關人士通常很晚才察覺到自己被騙的事
實，甚至有些人在對對方企業起疑後，想靠自己的力量找出
原因，最後反而連受騙金額都收不回來**。因為匯往國外的貿

易款項也有凍結使用的黃金時間，所以發現自己受騙後，當務之急是立刻要求匯款的銀行凍結資金。如果對方要求在雙方談好的匯款時間之前完成支付，或是要求變更收款帳戶，請務必要親自確認。」

　　在短暫的 4 個月內，我向中小企業老闆、主管、員工進行預防教育，效果並不差，因為我收到了二十多件的報案。從這個結果來看，我認為還需要繼續推動預防教育，擴大接受教育的對象才行。

第 4 章

生活網路犯罪

瞄準人心的弱點

漣川是京畿道最北端的三級地農村（即島嶼、偏鄉地區），當地警察局沒有專屬的網路犯罪調查組。既然沒有編組，當然也沒有辦公室。起初到當地，我只能在別人的辦公室擺一張桌子，就在那裡做起網路犯罪案件負責人的工作。沒有人教我網路調查的方法，也沒有同事可以討論，只能自己埋頭苦幹。

　　調查科的科長和同事對網路犯罪案件漠不關心。因為漠不關心，導致案件越積越多，讓人心生畏懼，某天，我甚至想一把火燒了所有資料。即使是一些我認為並不嚴重的案件，看到急得跑來辦公室的受害者，我就無法輕言放棄；就連利用網路的金融詐騙和電話詐騙，已經到了每天都會接到報案的嚴重情形，我也想盡可能解決。我能做的只有靠自己拚命跑，傻傻地一頭栽進案件裡。如今回頭看，那股幹勁才是破案的關鍵。

　　即使逮捕了犯人，受害者的創傷還需要好長一段時間才能復原，我鮮少看到受害者的笑臉。有時，

看見上了年紀的受害者，總會想起我的母親。我雖然也想忘掉這樣的想法，但是這種庸俗的感性，不正是讓我繼續從事這個工作的動力嗎？

產生同理心的瞬間就上鉤

各式各樣的電話詐騙

破獲整座客服中心的冒牌刑警

　　京畿北部共有 13 間警察局（2021 年 11 月的資料）。像議政府警察局和高陽警察局這種管轄範圍較大，居住人口多，需要更多人力維持治安的地方，稱爲一級地；楊州警察局和東豆川警察局維持治安的需求小於一級地，稱爲二級地；而加平警察局和漣川警察局則屬於三級地。三級地警察局沒有專屬的網路犯罪調查組，只有我一個人坐在智慧犯罪調查組辦公室一角，負責網路犯罪業務。

　　一個電腦門外漢在網路組工作，會被叫作「冒牌刑警」。是的，我就是那個冒牌刑警。在智慧犯罪調查組辦公室不到一坪的空間裡，我一個人處理著大大小小的案件，例如：線上遊戲玩到一半，問候對方父母的網路名譽毀損及汙

辱案件、道具交易詐騙案件、婚禮請帖簡訊詐騙案件等。

　　雖然沒有前輩和同事，堆積如山的案件也令人疲憊，但是看到網路犯罪日漸增加，尤其是簡訊詐騙（smishing）[*]等犯罪，一點也沒有減少的跡象，我內心產生了不少想法。從冒充低利率貸款機構的電話詐騙，到竊取個人資料、冒充朋友和家人的訊息詐騙都有，幾乎到了要宣布進入國家緊急狀態的程度了。

　　在我任職期間，轄區一所小學的老師來到我辦公室，說自己遇到了電話詐騙。通常在受理案件前，民眾必須先到民眾陳情室填寫陳情書或訴狀，再前往調查支援組，由符合控告罪名的部門來引導才對。不過，這位心急如焚的受害者逕自跑到一樓右邊的網路組辦公室，直接開門進來。

　　受害者稱，因為自己在第一金融圈有許多借貸紀錄，所以在融資公司等第二金融圈申請貸款[†]。受害者在第二金融圈收到貸款後，立刻接到了建議申請低利率貸款的電話。對方告知受害者，若要享有比第二金融圈更低的貸款利率，

---

[*] 簡訊（SMS）和網路釣魚（phishing）組成的詞彙。

[†] 第一金融圈指韓國銀行或一般民營銀行，第二金融圈指保險公司、證券公司、周轉融資公司、信貸專業金融公司等。

必須先償還目前的貸款才行，於是，受害者立刻將剛匯入個人帳戶的貸款轉帳至電話詐騙組織的帳戶。

受害者表示，因為收到簡訊說他的信用等級下降，目前分數在第八等級的 580 分，未來進行金融交易時恐將影響權益，所以只能相信他們的話。再加上對方還提到一些聽起來不錯的信貸商品，像是陽光貸款、新希望孢子貸款、煥然一新貸款、微笑金融商品等，又在簡訊裡說明「老師的職業很不錯，只要近日申請貸款，就能恢復您的信用等級」，看起來很值得信賴。

受害者打消疑慮後，對方表示需要經過審查，要求他提供各種個人資料，包括：薪轉帳戶、資格得失確認書、戶口名簿謄本和家庭關係證明書。一般而言，要將已經收到的貸款轉為低利率貸款，並不需要重新提供資料，但是受害者出於情況緊急，無暇顧慮到這點。**一旦將個資交給對方，受害者將永遠脫離不了他們的魔掌。**

我檢查了受害者交出的手機，發現收到許多未知的認證號碼簡訊，這些都是私人金融公司發送的追加貸款認證號碼簡訊。詐騙集團謊稱是申辦低利率貸款所需的認證號碼，藉此取得追加申請的貸款。如此一來，被害者除了起初向融資公司申請的貸款，又額外增加了私人金融公司的貸款，光是

每個月要償還的本金，就不是一般上班族可以負擔得起的。
在調查過程中，我實在不忍心直視淚流滿面的受害者。

　　儘管受害者可以親自致電銀行，說明自己遭到電話詐
騙，要求停止匯款；但當時受害者一看到這筆錢已經全部
轉出後，就連這個步驟都沒有做。我趕緊發出公文，要求
銀行停止付款，先將其他案件排開，全力調查這起案件。
受害者現在能依靠的只有警察了。要想收回受騙金額，必
須抓住主嫌和其他同夥，才能討回這筆錢。由於現在唯一
的線索只有建議申請低利率貸款的融資公司審查組長，我
決定先去見見他。

　　問題在於逮捕令。審查組長只是將貸款匯入受害者帳
戶，無法用詐欺罪來聲請逮捕令。如果逮捕令聲請不了，至
少要帶上扣押調查查驗令，可是當事人沒有犯罪事實，不可
能破門進去調查。我先和經濟組的金刑警一起前往首爾江西
區的審查組辦公室。開了 2 小時左右的車終於抵達，我們將
車子停在地下停車場，準備走進去之前，從外面看了一眼辦
公室所在的樓層，發現整棟樓只有那裡拉下了百葉窗。我無
法預測裡面會是什麼情況，決定隨便帶上幾份調查會用上的
文件。打開辦公室大門的瞬間，吵鬧的聲音讓我瞬間呆住。
裡面有三十多名女性抓著話筒在講電話，而辦公室的一角有

一間獨立的辦公間。

「我是漣川警察局網路組刑警。所有人請放下話筒，靜靜待在原位！」

我大聲喝令，聲音大到連話筒另一邊正遭到詐騙的受害者都能聽見。接著走進獨立的辦公間，我的後背大汗淋漓，跟在後面的金刑警也許是緊張，一言不發。如果這時因為對方人數而退卻，那麼現場的主導權就會交到對方手上。當時我身上也沒有手銬，只有警察證件而已。

一名看似審查組長的人趁亂發出傳真，又將文件丟入碎紙機。趁著我們檢查文件的空隙，辦公室裡的三十多名員工一下子全部消失。剛才走進辦公室的時候，我注意到每位員工桌上都只有一個包包，還覺得奇怪，原來是為了應付這種情況，這樣比較好逃走。

由於事發突然，我和金刑警兩人只能面面相覷。通常刑警在現場找不到證據時，可以打出「任意同行」或「任意提交」的牌，但如果對方拒絕，警察也無可奈何。早知道就多花一點時間，做好徹底的準備，再出動調查組全體組員，現在因為心急而壞了大事。來到客服辦公室這座證據的寶庫，員工卻瞬間作鳥獸散，既沒有找到受騙財物，也沒有找到電話詐騙成員之間的聯繫。

　　現在能做的，只有調查受害者匯入金錢的人頭帳戶了。當然，帳戶名義人肯定也是被詐騙集團成員騙了，但為了結案，我也只能這麼做。雖然這麼做有機會多少拿回一點錢，但是一定會花費不少時間，還要支付訴訟費用。我心裡很慌張，不知道該如何面對受害者。

　　為了解決這次的案件，我先從受害者最初匯款的帳戶分析到最後一筆交易明細，根據分析內容聲請電話詐騙集團成員及共犯的逮捕令與扣押調查查驗令，並動員了所有組員。此外，為了找出大本營分明在國外的總負責人與這次案件的關聯，就必須逮捕中間共犯。問題是當時辦公室瞬間人去樓空，剩下可以調查的，只有匯款帳戶的名義人了。所以，**調查也是有黃金時間的。**

冒充政府機關的電話詐騙

　　每兩週輪流一次的週末值班當天，我受理了 112 緊急救援室收到的電話詐騙案件，並立刻接手處理。週末受理的案件，通常會先由外勤員警或派出所同仁進行停止支付等初步處置，並撰寫案件發生報告，直到週一才正式交接給案件負

責人，不過因為這天正好有網路組人員值班，所以立刻就交接了。

這個案件的受騙金額高達 7,800 萬韓元（約新台幣 180萬元）。從無線電裡聽到外勤員警說受騙金額相當高後，我立刻趕往現場。受害者是醫生，單就他的職業來說，不太可能需要申請低利率貸款，而且又是週末遭到電話詐騙，看來事有蹊蹺。

受害者稱，他接到首爾地方警察廳金融犯罪調查科的電話，說自己的帳戶涉入一樁犯罪。金融犯罪調查科確實存在，但是打給受害者的員工並沒有在首爾地方警察廳工作，也查不到這個名字。

嫌犯說他與金融監督院合作調查人頭帳戶案件，稱醫生因為帳戶遭到起訴，這套劇本成功騙到了醫生。受害者按下詐騙集團成員提供的網址，安裝金融監督院專用 APP 後，進入假的首爾地方警察廳網站。這麼一來，如果有人經由特定 IP 位址，令手機安裝含有惡意代碼的 APP，安卓系統的手機就會立刻安裝，同時還能獲取你手機內所有權限。進入假的警察廳網站，必須輸入身分證號碼、姓名和手機號碼等個人資料，才能查詢被起訴的案件編號與內容。我想告訴人們的就是這點：**沒有任何一個警方或檢方的網站，會要求民**

眾輸入身分證號碼等個人資料，來查詢自己是否被起訴。

親眼看見案件編號（當然是偽造的）的受害者心生恐懼，當對方聲稱受害者必須進行安全登錄，以便與金融監督院合作時，受害者便按照指示輸入了網路銀行所需的 35 位數安全密碼和帳戶轉帳密碼，也輸入了網路銀行帳號與密碼，甚至將自己的身分證和駕照拍照傳了過去。對方說在進行安全性驗證的期間，電子郵件有被駭客攻擊的風險，請先關掉手機。數小時後，受害者重新開機，帳戶內的錢已經被盜領一空。

手機在中午 12:21:10 關閉電源，到了 12:21:13 的時候，600 萬韓元已被轉至第一個人頭帳戶。之後總共轉帳了 13 次，金額達 7,800 萬韓元。用來轉帳的帳戶，銀行和名義人都不同。幸好受害者緊急提出停止支付，由這 13 個人的名義，在 13 家不同銀行開設的帳戶全被凍結。然而，這些帳戶只是第一手洗錢帳戶而已，錢已經被轉到第二手、第三手的帳戶了，詐騙集團早已料到有一天會被調查。

我認為，經由 13 個人頭帳戶轉帳的過程中，可能有些錢沒有完全外流，所以，我把精力聚焦於回收還卡在銀行中的錢。我先傳喚分布在全國各地的 13 位帳戶名義人，有的是和丈夫離婚後在便利商店打工，收到貸款簡訊才將存摺交

出去的單親媽媽;有的是經商失敗後,在傳統市場經營小店,收到貸款簡訊後交出存摺的店主……大多是這類人,對於這些拿不到國家任何補助的人而言,詐騙集團發出的低利率貸款簡訊成了他們唯一的希望。

我先整理出 7,800 萬韓元的流向。詐騙集團成員將這筆錢分批,各轉帳 600 萬韓元至 13 個帳戶後,再以其他人的名義進行多次轉帳。我光是整理這些帳目,調查全國的帳戶名義人,就花了 2 個月的時間。其中一位帳戶名義人雖然為了辦貸款而交出存摺,當 600 萬韓元轉進自己的帳戶時,就立刻察覺有異,打電話給銀行。但是,就在這短暫的時間內,詐騙集團成員已經將其中的 100 萬韓元轉帳至其他帳戶,只留下了 500 萬韓元。換言之,在受騙的 7,800 萬韓元中,只能收回 500 萬韓元。

光是忙於調查帳戶名義人和回收剩餘的受騙金額,不知不覺就過了 4 個月。案件負責人能做的只有這些,心中難免有遺憾,但我還是如實向受害者說明情況。雖然我已經找到監視器畫面,掌握了從洗錢帳戶領出 7,300 萬韓元的幾名共犯,但是要繼續追蹤他們的動線和掌握個人資料,恐怕會花上比伊隆‧馬斯克發射太空船、開啟宇宙旅行更長的時間。受害者也許會因此對法律和執法機關感到無力與無用,每次

　　遇到這種情況，我總覺得自己是罪人。可以的話，不要遇到這種詐欺當然是最好的，所以預防教育正是當務之急。

被組織拋棄的取簿手

協助領取非法包裹的青年

　　我收到智慧犯罪調查組的調查支援請求,某位快遞司機來電報案,說自己負責運送的包裹裡似乎有人頭帳戶存摺。碰到這種案件,最重要的是盡快前往現場。

　　所有人都停下手邊的工作,前往約好見面的一山。由於取簿手＊已經知道快遞會來,如果快遞晚到了,取簿手可能會察覺有異而放棄包裹逃跑,所以我們和快遞司機約在目的地附近碰頭。雖然一山距離漣川超過 1 小時的車程,不過稍微加快速度,40 分鐘內就可以抵達。儘管途中可能會闖幾次紅燈,只要司機收到違規罰單後,將協助辦案的公文和

＊ 取簿手是指接獲詐騙集團指令後,到便利商店或指定地點協助領取包裹的人。包裹的內容物通常是被害者的存摺、提款卡,領取包裹後再依指示送至指定地點。

調查報告送交到交通大隊就沒問題了。

在我們見面之前，快遞司機接到了取簿手的催促電話，或許是擔心被發現，司機謊稱自己才剛抵達。我搖了搖快遞箱，裡面幾乎是空的，只有小物品撞擊箱子的聲音，從聲音來判斷，似乎是三四張塑膠卡片。完成分組後，我們事先做好協調，準備在快遞司機把包裹交給取簿手的瞬間實施逮捕。由於出來的時候較匆忙，沒發現所有人都穿著黑色的外勤服裝，看起來就像幫刑警打廣告一樣。幸好是晚上，又是在住宅區的巷子內，應該沒有太大問題。

取簿手終於出現了，是個貌似二十多歲出頭的男人，他穿著拖鞋走向快遞司機，接下了包裹。我們靜靜跟在他的後面，當他站在住商大樓門口的時候，悄悄從兩邊摟住他的左手和右手，抓著他一起進入家裡。這些人被逮捕的時候，通常都會辯解自己只是跑腿的，所以並沒有激烈反抗，也沒有趁機逃跑。

走進屋內後，我要求他立刻打開快遞箱。箱子裡貼著 3 張金融卡和寫有每張卡片密碼的紙條，此外，還有 5 張 5 萬韓元面額的鈔票，這是運費。搜索屋內時，我從書桌上亮著的雙螢幕中看見 KakaoTalk 的聊天視窗。不知道從哪裡蒐集來的電子郵件地址、電話號碼、會員帳號、密碼等個資，被

打包成檔案，傳給了聊天室的某個人。從會員的帳號和密碼來看，應是賭博網站的會員名單。

嫌犯說他夢想經營賭博網站，所以先從領取存摺、提款卡包裹的取簿手開始做起。我聽說，不知從何時開始，博彩老闆擠進了二十多歲年輕朋友的未來職業排行榜，看來這是真的。嫌犯說為了當上博彩老闆，才會做取簿手這類簡單的工作，口氣就像找工作的人先去當實習生一樣。

領到提款卡後，下一個目的地是蠶室某棟住商混合大樓一樓的便利商店。嫌犯說明天早上把包裹放在便利商店，就會有下一個接頭人來領。如果扣押存摺和電話，緊急拘留取簿手，再聲請羈押令的話，就沒辦法往上追蹤其他集團成員，於是我決定先等到明天，再一起逮捕接頭人。

第二天一早，我們分乘一輛廂型車和一輛私人轎車前往蠶室。只要抓到來拿存摺的人，也許就可以銜接上電話詐騙集團的大本營。抵達目的地後，現場來來往往的行人相當多，這裡是商家和住宅密集的地區，和我們原本預期的不同。便利商店後面有一座可以過河的橋，附近聚集著各式各樣的餐廳，加上還有單向兩線道、雙向四線道的大馬路，儼然就是市中心。

我們將轎車停在便利商店對面的路邊，將預備用來載運

嫌犯的廂型車停在後面的停車場，在取得業主的同意後開始
埋伏。然而，我們一群人盯著包裹，等了 2 小時後，接頭人
還是沒有出現。由於取簿手並未收到更改取貨地點的通知，
看來是被組織拋棄了。

　　這名夢想成為博彩老闆的二十多歲取簿手，卻淪為詐騙
集團最先丟掉的棋子。這樣的發展在預料之內，我並沒有感
到驚慌失措，但是錯過了詐騙集團的本營，還是相當可惜。
無奈之下，只好先針對之前逮捕的取簿手，以違反〈電子金
融交易法〉和詐騙共犯的罪名立案，為這次事件劃下句點。

案件15 跨國詐欺犯的甜言蜜語

操弄人心的愛情騙子

　　我接到一通電話，聽聲音似乎是五十多歲的中年女性。

　　「我正要去麻浦大橋，這是我人生最後一通電話了。」

　　聽到這名女子的聲音，我瞬間背脊發涼。顯然，在電話中說出這句話之前，她已經考慮過數十遍了。就算警察當了許久，接到這種電話的時候，還是很難平靜。過去曾有五十多歲的男子喝酒後，上隨機聊天室玩裸體視訊，遭到對方偷拍，打電話來吵著要我立刻阻止影片散布，否則就要自殺。不過，這種電話的嚴重程度，遠遠比不上這名女子的電話。

　　我先對她說：「無論受到什麼傷害，先來我辦公室一趟，我一定會全力幫助你。」但是這名女子卻說孩子都大了，現在去死也沒關係，又說看到高樓大廈就想爬上去，便草草掛了電話。我想，如果回撥電話沒接，一定要向 112 報案，請他們去找企圖自殺的人。通常，在企圖自殺這類緊急情況

下，就算當事人手機關機，也可以強制追蹤定位，精準度也高，所以我相當著急。

幸好這名女子接了電話。我告訴她，如果丈夫或家人可以來辦公室，請他們立刻一起過來，然而她說這件事絕對不能讓家人知道。從電話的口氣和受害者的反應來看，似乎是透過隨機聊天室認識了異性，遭到愛情詐騙的樣子。女子說她會和好友一起來辦公室。

一如預期，擔任營養師的受害者是五十多歲的女性。我看了她的交易明細，受騙金額竟然高達 1 億 2,000 萬韓元，而且大部分是海外匯款。

受害者匯款的對象，是一位名叫斯卡帕羅蒂（Curtis Scaparrotti）的退役美國軍官。受害者最初認識斯卡帕羅蒂，是在案件發生的一年前。當時，她發現自己的 KakaoStory＊上出現斯卡帕羅蒂新增她好友的通知，不過她並沒有太在意。然而某一天，斯卡帕羅蒂傳來了訊息：

　　　「當你擔心的時候，我想你。」

─────────────

＊ 類似通訊軟體 LINE 的塗鴉牆。

人在醫院照顧丈夫的受害者，只是冷冷地要求對方別再聯絡。不過斯卡帕羅蒂並未理睬，仍不斷傳來訊息：

「別生氣，我真的抱歉。千萬請你原諒我。愛你。」

對方不停傳來這類用 Google 翻譯機翻譯的生硬訊息，讓受害者逐漸卸下了防備。受害者後來和斯卡帕羅蒂成為 KakaoTalk 好友，還聊起了未來的事業。斯卡帕羅蒂說自己即將要退休，提議兩人一起在韓國做中古車生意，可以賺不少錢。受害者由於長期照顧家人，經濟狀況不佳，抱著挽救家庭的希望，接受了對方的提議。斯卡帕羅蒂表示，如果受害者把投資中古車生意的錢交給他，他會把營業登記證和自己的 40 億退休金裝在箱子裡，寄到仁川機場。

讀到這裡，或許有讀者已經覺察到異樣，但是受害者已經完全投入其中，對斯卡帕羅蒂的話百依百順。於是，受害者在 3 個月內一共匯給斯卡帕羅蒂 1 億 2,000 萬韓元，這筆錢還是她和好友向銀行借的。

斯卡帕羅蒂比想像中還要殘忍，他冒充國際物流公司，將受害者加為 KakaoTalk 好友。

netfeetshipping: We give safe and comfortable delivery.（netfeet 貨運：我們帶給您安全、便捷的運送服務。）

由於對方說，收取國際快遞必須提供收件人的護照，因此受害者拍下護照傳過去。要是這段期間她曾經告訴家人或好友一聲，立刻就會知道是詐騙了，但受害者認為這段關係就像婚外情，不能告訴任何人。在與斯卡帕羅蒂斷了聯繫之前，她還收到簡訊，內容是裝有 40 億退休金和營業許可證的箱子已經寄出的「通關資料」。由於那份偽造的文件上寫有自己的護照號碼和姓名，受害者相信到了仁川機場物流中心，一定可以找到斯卡帕羅蒂寄來的箱子。

受害者在機場物流中心知道自己被騙後，比起羞恥心，更令她無法忍受的是旁人的眼神。尤其機場員工看似輕蔑的目光，怎麼也揮之不去，她說那是將她推向麻浦大橋、企圖自殺的原因。

受害者傾吐完後，心情似乎輕鬆了不少。現在有個受害者一定要知道的事實，那就是斯卡帕羅蒂的真實身分。

我將受害者手機內儲存的斯卡帕羅蒂照片丟到 Google

搜尋,立刻出現維基百科上的人物。

柯蒂斯・麥可・斯卡帕羅蒂(Curtis Michael Scaparrotti):美國陸軍上將。2013 年 10 月 3 日至 2016 年 4 月 30 日擔任駐韓美軍司令兼韓美聯合司令。

受害者對於自己遭遇這種詐騙感到痛苦又羞愧。其實和受害者聊天的是奈及利亞人,和受害者互傳訊息的國際物流公司聯絡人、接收受害者護照照片的人,也同樣都是奈及利亞人。

受害者說,一想到償還貸款本金的日子即將來臨,就想再去麻浦大橋。儘管我告訴受害者,只要她願意,我可以代替她向家人說明情況,但是受害者非常擔心這件事曝光,她說向家人坦承還需要一段時間。通常這種犯罪,受害者的好友會比家人更早知道。

我接下了處理案件需要的資料,將初次見面的詳細過程寫成調查報告後,才移交給受害者居住地的警察局,以便他們展開正式的調查。我告訴受害者,雖然案件由轄區警局負責調查,不過當她鼓起勇氣準備告訴家人的時候,我永遠

樂意提供幫助。

　　近來，愛情詐騙層出不窮。這些透過 Facebook、Instagram 等社群媒體，與被害者培養感情後，告訴對方自己想捐出大筆遺產，或是退休後想在國內做生意的奈及利亞詐騙犯，被稱為「奈及利亞王子」（Nigerian Prince）。如今，他們正將活動範圍擴大到韓國的 Naver Band、KakaoStory 和 KakaoTalk 等社群媒體。**愛情詐騙的核心，就在於利用親密關係和情感上的互動。更令人可惜的是，當人生正經歷困頓的階段，就越容易被這類詐騙吸引。**

打擊不完的詐騙集團

針對一般民眾的日常詐騙

　　出乎意料的是，網路犯罪者中也有不少女性，而且大多是習慣性詐騙。這次詐騙案件的嫌犯，已經來過我的辦公室好幾次了。嫌犯是漣川當地人，二十多歲的時候和沒有經濟能力的同齡男性結婚，還有孩子要扶養。由於經濟較為困難，更難以擺脫詐騙的習慣，令人相當惋惜。

　　這次她是因為減肥詐騙被傳喚到案。嫌犯曾經一度胖到90 公斤，偶然間在網路論壇上看到女性購買減肥藥的心得，因此獲得啟發。她決定將自己最胖時的照片和現在的照片做成「減肥前後對照圖」，用來進行詐騙。嫌犯稱自己手上有親身體驗後效果絕佳的減肥藥，又上傳捏造事實的文章，從而取得多名會員的匯款。嫌犯用於犯罪的帳戶是在漣川開設的，受害者較少，受騙金額也不高，再加上嫌犯還有孩子要養，所以不符合「居住地不明」和「逃亡之虞」等情況，因

此調查中不予拘留。

　　嫌犯承諾會努力工作還錢後，才離開辦公室。我真心希望這是最後一次的調查了。將案件紀錄移交給檢方的那天，我打電話給嫌犯，告訴她「交易詐騙案件要看處理的情況，最快 2 個月內檢方就會處以罰款，在此之前要先做好繳納罰款的準備」。

　　嫌犯在超市當收銀員，接到我電話的時候正在工作。也許是因為這樣，她的聲音似乎幹勁十足。我忽然想起她二十多歲第一次來辦公室的時候，那個精力充沛的模樣，心裡為她感到高興，也期許嫌犯這次要堅定信念。但是，江山易改，本性難移。

　　在移交案件資料過了 3 個月後，我受理了一起化妝品交易詐騙的案件。受害者當中還有日本僑胞，或許是太生氣了，還用國際快捷把資料寄過來。我立刻趕往嫌犯家中，心想這次非得將她上銬，才能讓她意識到問題的嚴重性。然而，嫌犯父母說她前一天晚上匆匆忙忙逃走，什麼東西也沒帶。

　　除了化妝品，還有一些受害者看見嫌犯販售紙鶴和紙玫瑰的貼文，也匯款給嫌犯。連紙鶴和紙玫瑰都可以賣，我覺得非常神奇，特地拿受害者的陳述書來看，原來是想要在

紀念日送禮物給人，結果慘遭詐騙。個別受害者的受騙金額雖然不多，不過警方受理的受害人數已經多達 50 人。嫌犯用於犯行的存摺是丈夫的名義，這次連丈夫都一起跳進來詐騙了。但是我並不擔心，因為嫌犯都是用個人名義的帳戶和手機等本人資料，所以即使藏匿起來，我也可以立刻找到她。

多數離家逃亡的嫌犯，都會努力隱藏自己的蹤跡，不過這對夫妻非常老實。他們擔心逃跑期間電話費帳單會繼續寄到家裡，所以將收件地址變更為目前暫住的地址。變更後的地址在水原。照理來說，拘提嫌犯應該遵守「嫌犯人數＋1」的原則，但是我實在太生氣，自己一個人去了水原。

這對夫妻住在多戶住宅的半地下室。我一邊敲門，一邊喊著嫌犯的名字，但是無人應答。鄰居聽到聲音出來查看，一問之下，原來夫妻確實住在這裡，但是回家的日子並不固定，看來要先聲請逮捕令了。只是我還抱著一絲希望，想著在我聲請逮捕令之前，嫌犯會不會打電話來，就這麼等了 2 週。由於直到最後都沒有音訊，我準備聲請逮捕令，這時才知道嫌犯目前正在華城監獄服刑。我前往監獄，在調查會客室等待嫌犯，不久後，身穿囚服的嫌犯就進來了。

嫌犯目前的詐騙前科數量，已經超過了她的年齡。我

只做了必要的調查，讓她在文件蓋指紋，便回到了辦公室。幾天後，我收到了嫌犯從華城監獄寄來的一封信，她說自從被羈押後，第一個來探望的不是父母，也不是丈夫，而是案件負責刑警。信裡最後說她需要領置金＊，請我轉告母親來探望。

嫌犯刑滿出獄後，也許會再進入電話詐騙集團當接線生吧。事實上，我在智慧犯罪調查組調查電話詐騙集團的時候，看過不少女性接線生這樣進入內部工作，所以這套劇本是很有可能發生的。

我在最後道別的時候，清楚看見嫌犯眼神中充滿了後悔，也能感受到她的真心反省。希望我現在的感受不是錯覺，也期待她刑滿出獄的時候，不會是從監獄帶著新的詐騙同夥出來。

＊ 受刑人入獄時攜帶的財物，或親友提供的財物，交由矯正機關臨時保管，稱為領置金。

案件 17

這不是你的錯

大學生打工求職詐騙事件

　　2018 年聖誕節的前幾天，我接到民眾陳情室的電話，說一位陳情人因為帳戶出了問題而前來詢問。當天其他組員正好出外勤，辦公室裡只有組長和我兩人。那段時間，我正忙著逮捕從 2017 年開始調查的電子郵件駭客事件嫌犯，恰好我準備出門領取檢方同意擴大調查的拘票。看了看時間，心想面談後應該還有充裕的時間去領取拘票，便請陳情人上來我辦公室。

　　開門進來的是一名滿臉驚恐的女學生。就讀大二的陳情人或許是第一次來警察局這種地方，一臉非常怯懦的樣子。我遞給她一杯咖啡，請她放輕鬆，不過她沒有喝，只是將杯子握在手中擺弄。

　　聽她的描述，原來是寒暑假期間想找打工，所以向就業網站上的幾間公司投了履歷，而問題似乎就從這裡開始。

225

受害者給我看一款可以線上查詢履歷投遞情形的 APP，是常在電視上打廣告的知名就業仲介公司 APP。

受害者總共向 3 間公司投遞履歷，一家是健身房的傳單派發工作，一家是 ARTBOX 文具店每週五天的工作，另一家是清水股份有限公司，受害者只接到清水公司的通知。自稱清水公司經理的人告訴學生，他們是兌換遊戲道具的公司，只要在家工作，負責管理用戶和留言就好。經理甚至在沒有面試的情況下，直接問學生是否可以立刻工作，而學生也同意了這個要求。

經理表示必須先完成員工登錄與薪轉帳戶登錄，要求學生將身分證與本人名義開設的存摺拍照後回傳。學生站在受僱者的立場，只能聽從對方的要求。從旁觀者來看，**這並非正常的就業程序，連勞動契約都還沒簽，卻要求交出身分證和存摺，怎麼想都覺得奇怪，但是，人在情況緊急的時候就容易受騙。**再說這幾乎是學生的社會初體驗，自然缺乏敏感度。

在學生回傳身分證和存摺照片大約 10 分鐘後，有 10 位陌生人各匯了 100 萬韓元（約新台幣 2 萬 3,000 元）到她的帳戶裡。這種時候應該要察覺有異，盡快向銀行通報，將其列為警示帳戶才對。但經理承諾，如果學生將這筆錢再轉入

公司管理的法人帳戶，就可以獲得匯款金額的 10% 做為日薪。學生以爲工作已經開始，也乖乖轉帳了。聽到這裡，我看了一眼手錶，想想應該來不及在下班時間前領到拘票了，於是放棄外出，決定聽完學生的遭遇。

雖然學生完成了轉帳，但是約定好的日薪並未入帳，連經理也人間蒸發。而且，因爲有人向銀行檢舉學生的帳戶被用於犯罪，導致帳戶也被凍結。這肯定是匯款的那 10 位陌生人其中一人檢舉的。**這名學生的帳戶，只是用來洗電話詐騙受害者的錢而已**。

結束面談後，我進入就業網站，確認是否還留有清水股份有限公司的資料，但是徵才文章已經刪除了。誰也想不到品牌形象良好的就業仲介網站，竟然會混入蒐集人頭帳戶的幽靈公司。

轉帳後 2 週，學生收到了警察局的通知書，以違反〈電子金融交易法〉爲由，要求她到案說明。對這一切完全沒有概念的學生，當然會感到害怕。學生說接到通知書後非常恐懼，找上議政府法院前的免費法律公團，向他們諮詢，卻聽到自己有可能因爲違反〈電子金融交易法〉和詐欺嫌疑遭到處罰。

將存摺資料透漏給他人，用於收取 10 位陌生人的匯款，

已經違反〈電子金融交易法〉；而親自將匯入的款項轉帳至
其他帳戶，已構成詐欺嫌疑。即便如此，這名學生之所以會
將存摺轉交他人，是因為遭到求職經理的欺騙，這點法律也
會考慮的。我告訴學生，未來不應該再捲入這種犯罪行為，
並一一說明幾點重要事項。

　　首先，**絕對不能刪除儲存在手機裡的履歷投遞紀錄**。因
為事後需要調查是誰將清水股份有限公司的徵才訊息放在就
業仲介網站上，必須保留相關資料才行。此外，**和經理之間
的對話內容也不能刪除**。由於對話內容如實保留了受害者為
什麼交出存摺，又為什麼會有轉帳行為的證據，所以絕對不
能刪除。我要求受害者特別強調自己雖然轉帳了，卻沒有收
到日薪這點。如果能先備妥這些資料，在接受調查時提出，
就有較大機率以不起訴（沒有嫌疑）處分，另外，**我希望
受害者先將這件事告訴父母或朋友，尋求他們的幫助**。

　　我把需要準備的事項寫在便箋上，一邊向受害者說明；
又在便箋上寫下辦公室的電話號碼，告訴她如果在準備過程
中遇到困難時，可以打電話過來。我盡自己最大的能力給予
受害者建議，也不忘請她前往居住地警察局諮詢，但是不知
道為什麼，結束面談、準備離開的女學生眼中，似乎還有些
話沒說出口的樣子。為什麼這種不祥的預感總是非常準呢？

這名學生最終去了一個永遠無法實現夢想的地方。

2019 年 1 月的某一天，一名五十多歲的男子打電話來，指名要找我。起初我以爲只是一般的陳情電話，不料對方卻問我是否還記得不久前面談過的學生。對於親自到辦公室的陳情民衆，我們通常不過問對方的眞名，只將對方當作是陳情民衆，提供必要的諮詢，所以男子只說名字，我無法確定是誰。但聽完對方具體的說明後，我才想起那位女學生的臉，說我還記得。這名男子忽然不發一語，開始哭了起來。

「這孩子跟刑警先生面談完的隔天，從公寓上面跳了下來。」

打電話的人是學生的父親。他說女兒火葬後，在整理女兒遺物的時候，看到了她與我面談那天留下的便箋，所以打電話過來。我難過得說不出話來。想起那天學生離開辦公室最後的表情，似乎欲言又止的樣子。雖然我想說些安慰的話，但是沒能挽回女學生的罪惡感，又讓我無話可說。那麼美好而柔弱的生命，在我的手中逝去，令我無比自責。她明明還有話要對我說，我卻沒辦法一起接住她內心沉重的包袱。我的心情萬分沉重，卽使想讓自己淹沒在辦公室繁重的案件中，依然無法穩定自己的情緒。於是我請了幾天假，沒有上班。

「**不要太自責，這不是你的錯。**」

早知道就說出這句話了。經過這次案件，每次有人打電話找我，我總會感到極度的不安。再怎麼閉上眼睛試著回想那一天，也想不起學生的面容。

為什麼痛苦總是由受害者來承擔呢？雖然非常遺憾，但方法只有一個，那就是避免被騙。這次學生的事情帶給我極大的改變。「預防」是唯一的方法，我想找出自己能夠發揮所長的地方。

2019 年 2 月，我停下了這段時間進行的所有調查，轉調至網路犯罪預防教育專責部門。我滿腦子想的，只有避免再有受害者因為這種事而失去生命。三級地農村的網路調查組「冒牌刑警」，就這麼投入犯罪預防教育中。

減少損失的最佳辦法

　　漣川是我第一個就任的地方，這裡通常是警察退休前，為了回歸田園而選擇的最後一個工作地點，或是在首爾遭到懲戒而被流放的地方。就連辦公室裡飛來飛去的蒼蠅，也被戲稱為漣川蒼蠅，所以我原以為鄉下不會發生任何重大案件。

　　然而，經濟犯罪調查組充滿了為錢不惜與親朋好友反目成仇的嫌犯，於是我選擇離開經濟組，申請進入網路犯罪調查組。由於身邊同事的漠不關心和缺乏專業知識，導致案件越積越多，業務處理速度無法再加快，當然會有這樣的結果。因此，我利用週末去首爾鐘路區專為上班族開設的 IT 補習班補習，每次業務遇到困難時，也會去附近的警察局尋求支援，然而理論對實務並沒有太大幫助。

　　坦白說，無論是千元面額的文化商品券，還是數千萬韓元的貸款詐騙，每當受害者滿心焦急地來到辦公室，案件負責人常會因為帶入受害者的情緒而無法進行調查。再說案件本該照順序處理，但是受害者一旦看見自己的案件被往後

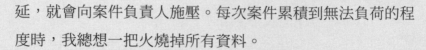

延，就會向案件負責人施壓。每次案件累積到無法負荷的程度時，我總想一把火燒掉所有資料。

突破口是先解決生活中常見的案件。

在上一個負責人交接給我的案件和之後受理的案件中，占最大比重的是網路交易詐騙。常見的情況是賣家發出的安全交易網站網址遭到變造，所以一定要先用警察廳的「Cyber Cop」APP 驗證真假。而且即使將嫌犯使用的電話號碼和帳戶資訊刊登在受害者自救聯盟網站上，嫌犯也會掌握這個資訊，改變詐騙方式，許多受害者事後才發現被騙了。

不少想把嫌犯抓來碎屍萬段的受害者，非常關心警方的調查進度，所以像是聲請扣押調查查驗令等基本調查進度，我也會告訴受害者。這其實也是為了多爭取一些時間，以便順利聲請和核發令狀，再憑著這份令狀要求銀行或企業執行、確認銀行或企業的回覆，避免調查過程中有太多受害者前來詢問。

結束白天的工作後，如果掌握了嫌犯的定位，晚上我還必須到網咖或旅館執行逮捕作業。由於嫌犯被捕後，受害者才知道嫌犯的犯罪手法，這讓我開始關注預防的必要性。但是，在不斷發生的案件面前，如果不先處理好基本業務，而將心力放在預防上，那就是怠忽職守了。

　　網路詐騙犯擅長小伎倆。這些伎倆就算沒有人告訴他們，他們也能自己摸清楚，也有些情況是詐騙集團內部私下傳授。這些人只會在詐騙上耍小聰明，就像特別擅長操作遙控器或計算機上不常使用的功能一樣。

　　隨著案件的調查，受害者一路走來的歷程逐漸清晰，我彷彿一位母親看著這個過程。年紀越大，人就會變得越感性，雖然處理案件應該放下感性，但是我很容易陷入每個案件獨特的故事情節，這樣的個性並不容易改掉。我和數十名受害者並肩作戰千百個日子，他們有時比我更積極投入調查。在所有人避之唯恐不及的案件中，我發現了網路犯罪恆久不變的後設資料（metadata），而這個後設資料的屬性正是預防。

　　由於新冠肺炎（COVID-19）大流行，簡訊詐騙這類冒充好友或家人的詐騙犯罪暴增，網路犯罪的件數已經大幅超越疫情前的水準。2018 年的網路犯罪件數為 149,064 件，2019 年為 180,499 件，而在新冠肺炎開始流行的 2020 年，共計發生 234,098 件。交易詐騙、簡訊詐騙、愛情詐騙等生活中常見的網路詐騙犯罪，近 6 年來已經占據所有類型犯罪的 58.5%。新冠肺炎只是網路犯罪暴增的一個催化劑，之後曲線成長的趨勢並未緩和。

　　案件負責人也想相信逮捕犯人就是最好的解決之道，然而如今人們期待的是回到受騙之前的狀態。在強調修復式正義（Restorative Justice）的今日社會，案件負責人也一致高呼預防的重要性。這段時間，我能獨自面對深不可測的網路犯罪世界，也是因為對預防抱持信心。

　　然而，定期爆發的大型入口網站和平台公司的個資外流事件，以及每天平均會收到數十封的廣告信和簡訊，讓民眾逐漸麻木不仁。而且每次出現了犧牲者，只知道關閉網站，讓民眾無法連線，這種防止事件再次發生的政策，只會導致悲劇性的結局。新冠肺炎疫情之後，花更多時間在網路空間中的使用者，沉醉在政府和大型企業營造的安慰劑效應中，相信他們會以之前的錯誤為教訓，提出更有效的預防之道，然而真實情況卻不是如此。**詐騙犯在網路空間中躲避追查和監視，利用創新的平台來延續生命，過上自給自足的生活。**

　　電話詐騙犯罪始於 2007 年，後來進化為簡訊詐騙，冒充受害者好友與家人，透過簡訊、社群媒體、私訊接近受害者。尤其近來詐騙犯在取得受害者的身分證與信用卡資料後，能在線上申辦手機與帳戶，騙取受害者的財物，並誘導

其安裝 TeamViewer＊，遠端竊取個人資料，造成受害者的二次傷害。

　　我也受理過一起簡訊詐騙案件，受害者搭地鐵回家的路上，收到女兒的一封簡訊，卻因此遭詐騙 500 萬韓元（約新台幣 12 萬元）。女兒說自己手機螢幕碎裂，要求母親安裝一款申請保險需要用到的 APP，受害者不疑有他，按下簡訊中的連結，安裝了 APP。受害者又拍了身分證和信用卡回傳，這時詐騙犯便以受害者的名義，向二手電信業者申辦手機號碼，再以此號碼接收開設帳戶的簡訊。

　　受害者安裝的 APP 正是 TeamViewer，而申辦手機號碼的地方則是借用 KT 電信網路的二手電信業者。在這個只要有身分證，就能線上申辦手機和開戶的時代，受害者卻完全不知道這件事。更可惡的是，受害者在地鐵上知道遠端操控自己手機的人，竟是冒充自己女兒的騙子，不禁害怕地哭了出來。

　　智慧型手機有限制「安裝來路不明的應用程式」的功能，所以**如果有人傳來不明網址，引導使用者安裝特定的**

＊ 可遠距存取電腦並傳送檔案的軟體，視訊偷拍詐騙及簡訊詐騙嫌犯在誘導受害者安裝後，用以竊取其電話簿聯絡人與地址等資料。

APP，請千萬不要安裝。要是身分證不慎外流，應該立即透過網站申報＊，或到戶政事務所臨櫃申報掛失。只要完成遺失申報，就算外流的身分證遭盜用，也可以主張免責。再來，若個人帳戶資料外流，應立即告知金融機構，可以直接前往銀行，或上網尋求陳情及諮詢的資源†，藉此預防個人名義被捲入金融詐騙中。

　　冒充爲派赴敍利亞等戰爭地區的美軍，進行愛情詐騙的犯罪也不少，嫌犯大多利用 KakaoTalk 等社群軟體鎖定受害者。他們謊稱派赴敍利亞的任務結束後，將會入境韓國，和受害者一起創業，然而嫌犯的國籍實際上卻是奈及利亞等非洲國家。KakaoTalk 公司爲了避免用戶遭受損失，自 2012 年起引進可識別國外用戶所在國家的全球信號系統，**當對方從國外上線，要求提供個人資料或匯款時，就要懷疑可能是詐騙**。KakaoTalk 利用網路通訊所需的 IP 位址來分類用戶所在國家，只要用戶一連線，就可以知道人在國內還是國外。

　　網路交易詐騙在網路詐騙犯罪中占有相當大的比重，

＊ 內政部戶政司全球資訊網：https://www.ris.gov.tw/app/portal

† 金融監督管理委員會金融智慧網防詐騙專區：https://moneywise.fsc.gov.tw/home.jsp?id=24&parentpath=0

因此在進行網路交易前，務必透過 TheCheat 網站或「Cyber Cop」APP 查詢賣家登錄的電話號碼和帳戶號碼，確認賣家是否曾有詐騙經歷。

此外，即使沒有買賣紀錄，也要注意賣家是否有將高價物品同時刊登在各大交易平台上。畢竟詐騙集團最終目的是騙取錢財，所以常有用假帳戶註冊的情況。他們知道買家在匯款之前，都會先用帳戶號碼確認是否有詐騙經歷，所以會把帳戶號碼改一個數字再註冊，規避被查到詐騙經歷。等到受害者真的要匯款的時候，會發現號碼錯誤，無法匯款；此時，詐騙集團才會藉口輸入錯誤，將正確的號碼告知受害者。他們看準了受害者這時不會查詢帳戶號碼的弱點。所以，**當賣家在匯款的瞬間才變更帳戶號碼時，很有可能就是詐騙**，這時務必要先查詢變更後的帳戶號碼。

為了預防這類日常生活常見的網路詐騙犯罪，交易平台企業也應該承擔起更多道德責任和社會責任才對。

> 「本公司為電子商務交易中介商，非交易買賣雙方，不涉入賣家與買家之間的商品交易資訊及買賣，恕不負任何責任與義務。」

　　人們通常會因爲平台企業的品牌認知度，提高對該平台刊登物品的信賴度。前面提到遭就業詐騙的女學生，也曾說完全沒想過知名度如此高的平台，竟然會有蒐集人頭帳戶的假就業廣告。如果平台說他們只是提供賣家和買家聯繫的場所，不會負任何責任，用這種規定辜負用戶的信任，那無異於隨機聊天室。因爲洗刷不了色情網站汙名，而遭蘋果 APP 商店下架的 Tumblr，就是要求企業負責的最佳案例。

　　得不到用戶信賴的企業，必然會被顧客下架。

「惡人雖無人追趕也逃跑；義人卻膽壯像獅子。」

——《箴言》第 28 章 1 節

結語
人人都能成為網路犯罪預防專家

　　如今已進入家家戶戶都需要網路犯罪預防專家的時代了。

　　如果家中有人是社群網站的使用者，時常使用線上購物或在社群媒體上分享消息，就需要網路犯罪預防專家。尤其青少年對保護個資的意識較薄弱，一旦個人資料外流，家裡大門密碼曝光也只是時間的問題。兒童及少年使用的線上帳號大多是利用父母資料申請的，如果不慎外流，整個家庭就可能毀於一旦。曾經有過這樣的案例，一名青少年在 X（Twitter）上看到免費贈送限量昂貴衣服的廣告，立刻交出電子信箱和密碼，結果當天嫌犯便以青少年父母在雲端上的資料提出威脅。

　　如今，所有家庭成員都應該關注個資的保護，並且要有專家來告訴他們這些資訊。**這裡所說的專家，不一定要具備探索網路空間的技術力，只要懂得用人文或哲學的方式，甚至是運用自身具備的常識，將過濾有害資訊和保護個人資**

料的方法，教給對網路犯罪較不敏感的人，這個人就可以是專家。而且我認為，各位在看過前面的案件後，如果有意識到預防的必要性，那麼我就算充分發揮自己的作用了。過去我一個人四處奔走，大力闡揚預防教育的必要性，如果就這樣默默結束，實在可惜，於是我決定透過書本繼續宣傳。

「教育才是網路犯罪預防的唯一辦法嗎？」

絕對不是這樣的。我在現在的位置上所能做的，只有對外宣傳而已，所以選擇預防教育；然而大企業的參與也不可或缺，他們擁有技術能力去刪除、隔絕、封鎖有害的資訊。反倒是我的同事們更常對預防教育的效果抱持疑問，這只是因為我一個人孤軍奮鬥，難以顯現教育的效果而已。如果有更多的機構和人員一起加入，教育成果一定值得期待。

所以從 2019 年開始，我一直在尋找志同道合的夥伴。後來在進行預防教育的過程中，偶然遇見「網路非法有害資訊應對中心」的成員，開始與他們一起推動青少年的網路犯罪預防教育，多年來克服了大大小小的挑戰。這個由家長組成的中心，非常認同預防教育的必要性，第一次見面我們便一拍即合。

另外，我也針對國軍官兵的網路犯罪預防問題，和韓國賭博問題管理京畿北部中心共同推動幾個實驗性質的計畫。

我目前也和 2021 年成立的京畿道數位性犯罪受害者一站式援助中心合作，拉起非法錄影和性剝削物熱線，共同推動受害者援助和預防教育。目前還需要更多機構和人員的參與，網路犯罪預防教育絕對不能只由警方推動，也不可以被警方壟斷，希望全國各地能出現更多參與的行動。

剛開始調查案件的時候，一切是那麼陌生，甚至是一團糟。當時，我深感提出問題和宣傳教育的重要性。

我在交通事故調查小組工作的時候，曾經在值班當晚受理死亡車禍案件，一輛汽車從後方追撞耕耘機後肇事逃逸。耕耘機被撞得粉碎，倒在單向一線道的 3 號國道中間，駕駛被彈出車外，血流滿地，當場死亡，而追撞的汽車駕駛已經逃逸無蹤。每到夜晚，漣川轄區道路上來往的獐總是遠比車輛多，然而今晚卻被拖吊車、巡邏車和救護車的燈光照得明亮。

我在翻找車輛內的資料時，從副駕駛座下面發現了可能是駕駛的信用卡收據和用過的塑膠瓶。信用卡收據可以用來向金融公司申請扣押調查，而塑膠瓶立刻送去鑑識，即可從顯現的指紋掌握駕駛的個人資料，看起來不難處理。

問題是我在交通事故調查小組工作的期間，從未製作

過向金融公司要求執行的扣押調查令，當然也沒有前輩可以問。情急之下，我拿著最有可能顯現指紋的塑膠瓶，委請國家科學調查研究院鑑識。幾天後，我收到國家科學調查研究院的回覆，已經根據塑膠瓶鑑識出的指紋掌握特定人物。大概是駕駛太用力揉捏塑膠瓶，上面的指紋支離破碎，無法進行辨識，那天只好填寫事由書。當時包括我在內，所有人都是事故調查小組的職員。我趕緊向調查科職員學習聲請拘票的方法，掌握嫌犯個人資料後，前往首爾城北洞拘提駕駛。後來每次迷失調查的方向時，當時的經驗總會為我指明方向。

如今，就連熟悉網路媒體的 MZ 世代，也會遭到網路詐騙，所以，**只要手上拿著智慧型手機，都屬於容易受到網路犯罪攻擊的弱勢族群**。這個弱勢族群在第四次工業革命帶來的創新世界裡，一切都很新鮮，只願意走上他們熟悉的道路。所以，需要透過教育為這些人培養洞見，讓他們具備篩選有害資訊的能力。預防教育正如電影《全面啟動》的撞擊一樣，為人們帶來事先學習的效果。

過去，調查科尤其重視警察的面子，常說「無論去到哪裡，刑警都要拋頭顱、灑熱血」，在這樣的氛圍下，網路犯罪組顯得毫無存在感。直至今日，全國的網路犯罪調查組

依然存在這樣的問題。只要負責人收到派任命令離開，留下的案件就會隨機分配給其他刑警，看誰接下「燙手山芋」。從以前開始，網路犯罪調查組就已經是人人避之唯恐不及的部門了。對網路犯罪預防有著豐富經驗的調查官，在洪水般不斷湧來的案件面前，已經連最基本的人權都無暇顧及，更遑論振臂高呼預防教育的重要性。目前所剩的解決辦法已經不多了，**最好的辦法就是自己成為網路犯罪預防專家。**

　　就像現實生活中的詐騙犯為了成為網路犯罪者，不斷研究再研究一樣，各位也應該成為對抗網路攻擊的守護天使。第一步並不難，只要有些許的關心就好。**只要有些許的關心，就足以保護家人免於網路犯罪的攻擊。**

　　相信各位都已經做好參與網路犯罪預防的準備了。

HEART

心｜視野　心視野系列 126

只是上網，竟變被害人

性剝削、詐欺、賭博、駭客，滲透你我生活的網路犯罪事件實錄
인격 살인 : 사이버 범죄 전담 형사의 리얼 범죄 추적기

作　　　　　者	朴重炫（박중현）
譯　　　　　者	林侑毅
封 面 設 計	張天薪
版 型 設 計	許貴華
內 文 排 版	許貴華
行 銷 企 劃	魏玟瑜
主　　　　編	陳如翎
出版二部總編輯	林俊安

出 版 者	采實文化事業股份有限公司
業 務 發 行	張世明・林踏欣・林坤蓉・王貞玉
國 際 版 權	施維真・王盈潔
印 務 採 購	曾玉霞・謝素琴
會 計 行 政	李韶婉・許俶瑀・張婕莛
法 律 顧 問	第一國際法律事務所　余淑杏律師
電 子 信 箱	acme@acmebook.com.tw
采 實 官 網	www.acmebook.com.tw
采 實 臉 書	www.facebook.com/acmebook01

I S B N	978-626-349-407-7
定　　　價	380元
初 版 一 刷	2023年9月
劃 撥 帳 號	50148859
劃 撥 戶 名	采實文化事業股份有限公司
	104台北市中山區南京東路二段95號9樓
	電話：(02)2511-9798　　傳真：(02)2571-3298

國家圖書館出版品預行編目資料

只是上網，竟變被害人：性剝削、詐欺、賭博、駭客，滲透你我生活的網路犯罪事件
實錄 / 朴重炫著；林侑毅譯. -- 初版. – 台北市：采實文化事業股份有限公司，2023.09
256 面；14.8×21 公分. -- (心視野系列；126)
譯自：인격 살인 : 사이버 범죄 전담 형사의 리얼 범죄 추적기
ISBN 978-626-349-407-7(平裝)
1.CST: 電腦犯罪 2.CST: 社會問題 3.CST: 犯罪行為

548.546　　　　　　　　　　　　　　　　　　　　　　　　112013077

" 인격 살인 : 사이버 범죄 전담 형사의 리얼 범죄 추적기 " by Park Jung Hyun
Copyright © 2022 by Park Jung Hyun
All rights reserved.
Originally Korean edition published by NEXUS Co., Ltd.
The Traditional Chinese Language edition © 2023 ACME Publishing Co., Ltd
The Traditional Chinese translation rights arranged with NEXUS Co., Ltd., Korea
through M.J Agency.

HEART

心｜視野

HEART

心｜視野

HEART

心｜視野

HEART

心｜視野